Nâzım Hikmet

Eine Reise ohne Rückkehr
Dönüşü Olmayan Yolculuk

Gedichte und Poeme

Aus dem Türkischen
von Helga Dağyeli-Bohne und Yıldırım Dağyeli

Dağyeli

CIP-Titelaufnahme der Deutschen Bibliothek
Nâzım Hikmet:
Eine Reise ohne Rückkehr: Gedichte und Poeme in 2 Sprachen =
Dönüşü Olmayan Yolculuk / Nâzım Hikmet. Aus d. Türk. von
Helga Dağyeli-Bohne u. Yıldırım Dağyeli. – Frankfurt am Main: Dağyeli, 1989
ISBN 3-89329-108-3

1. Auflage 1989

Merianstraße 27, D-6000 Frankfurt 1, ☎ 069/43 81 38

Umschlag: Mehmet Özdemir
unter Verwendung eines Bildes von Abidin Dino
Gesetzt aus der Garamond 3 11/12 Pkt
Satz (Datenübernahme): Letrasatz, Horst Stowasser, Wetzlar
Druck: Fuldaer Verlagsanstalt, Fulda
Printed in Germany
ISBN 3-89329-108-3

Statt eines Vorwortes

Die Gedichte Nâzım Hikmets in dieser Auswahl sind zum einen der 1966 in Bulgarien erschienenen türkischen Ausgabe seiner Werke entnommen, die von seinem engen Vertrauten und Mitarbeiter Ekber Babayev, einem aserbaidschanischen Türkologen, schon zu Lebzeiten des Dichters in enger Zusammenarbeit mit ihm zusammengestellt und redigiert wurde, zum anderen seinen gesammelten Werken, die Cem Yayınevi in Istanbul Mitte der 70er Jahre herausgab. Von der Zahl her machen sie fast ein Viertel seiner Einzelgedichte und Poeme aus. Diese Auswahl enthält Gedichte, die er hauptsächlich in der Emigration verfaßte. Wir haben die Gedichte wie im ersten Band »Die Luft ist schwer wie Blei/Hava Kurşun Gibi Ağır« nach dem Datum der Erstveröffentlichung geordnet. Dafür benutzten wir außer den beiden oben genannten Ausgaben noch andere Veröffentlichungen, einschließlich Sekundärliteratur.

Die meisten der Gedichte dieses Bandes erscheinen zum ersten Mal auf deutsch. Da Nâzım Hikmet sehr wißbegierig war, Neues kennenzulernen, sich auf der anderen Seite das schwierige Exil in Moskau dann und wann etwas erleichtern wollte, unternahm er zahlreiche Reisen in die verschiedenen Sowjetrepubliken, bereiste Afrika und das sozialistische wie auch das westliche Ausland. Die Berührung mit der Fremde, anderen Menschen, ungewohnten Ansichten spiegelt sich ebenso in seinen Versen wie die Sehnsucht nach der verlorenen Heimat und das bange Erwarten des nahenden Todes. Wie man einigen seiner im Gefängnis geschriebenen Gedichte und auch einigen aus diesem Band entnehmen kann, wußte er das Reisen zu schätzen. In anderen Versen bekennt er ganz unumwunden, er befinde sich stets auf Reisen; er sieht das ganze Leben als eine Reise mit unbekanntem Ziel.

Neben zahlreichen langen Gedichten enthält dieser Band zwei bekannte Poeme: »Reportage aus Havanna« und den »Brief aus Tanganyika«, die schon bald nach ihrer Entstehung Anerkennung fanden und in mehrere Sprachen übersetzt wurden.

Diesem Band werden weitere Bände mit seinen Einzelgedichten sowie Bände mit seinen Poemen folgen. Geplant ist auch in neuer Übersetzung die vollständige Ausgabe seines monumentalen Werkes »Menschenlandschaften aus meinem Land« in einem einzigen Band.

Der Verlag

Günler

Geçip gitmiş günler, gelin,
rakı için, sarhoş olun,
ıslıkla bir şeyler çalın,
geberiyorum kederden.

İlerdeki güzel günler,
beni görmiyecek onlar,
bari selâm yollasınlar,
geberiyorum kederden.

Başladığım bugünkü gün
~~belki~~ yarıda ~~kalırsın~~ kalabilirsin;
geceye varmadan yahut
çok büyük olabilirsin.

Nazım Hikmet

Nefte Doğru

Düşünen beyni Moskovaysa ülkemizin,
taze kan dağıtan kalbidir Bakü! . . .

Kalkış

Çaldı birinci kampana:
koşuşmalarla doldu istasyon.
Çaldı ikinci kampana
sarsıldı penceresinden baktığım vagon.
İkinci kampana
                son kampana,
                    son . . .
Götürmüyor beni
                bu Kafkas treni:
»Kislavotsk«un maden sularına;
gidiyorum neftin diyarına,
kafamda nefte hayran mısraların yükü,
biletim »Rostov« üstünden »Moskova-Bakü«!

Yolda

Birinci Akşam

Tıkırdıyor trenin
                rayda tekerlekleri,
devrilerek geçiyor telgraf direkleri.
Yarı belime kadar uzandım pencereden,
                suya girmiş gibi serinledim.
Tren sesiyle dolan havaları dinledim . . .
Havalar yaz denizleri gibi mavi.
Yaz denizleri gibi serin . . .

Dem Erdöl entgegen

Wenn Moskau der denkende Kopf unseres Landes ist,
so ist Baku sein Herz, das uns mit frischem Blut versorgt! . . .

Abfahrt

Es läutete die erste Glocke:
der Bahnhof füllte sich mit Hast und Rennen.
Es läutete die zweite Glocke,
durch den Waggon, aus dem ich sah, ging ein Rütteln.
Die zweite Glocke,
die letzte Glocke,
die letzte . . .
Dieser Kaukasus-Zug
bringt mich nicht
zum Thermalbad »Kislovodsk«,
ich fahre in das Land des Erdöls,
mein Kopf beladen mit Zeilen, die das Erdöl bewundern,
auf meiner Karte »Moskau-Baku« über »Rostov«.

Unterwegs

Der erste Abend

Die Räder des Zuges
rattern über die Schienen,
die Telegraphenmasten sausen vorbei und fallen um.
Bis zur Taille lehnte ich mich aus dem Fenster,
fühlte mich frisch, als wäre ich in Wasser getaucht.
Ich lauschte der Luft, die mit dem Brausen des Zuges das Abteil erfüllte . .
Die Luft ist blau wie das Meer im Sommer.
Kühl wie sommers das Meer . . .

Arkamızda kalan şehrin
çizgileri karışıyor birbirine,
renkleri siliniyor.
Batan bir gemi gibi ağır ağır iniyor,
iniyor ağır ağır altına ufkun,
ufkun kızıl şeridine gölgelerle çıkan Moskova.
Önümüz,
arkamız,
dört yanımız ova,
ova dümdüz
uçsuz bucaksız bir ova...

Birdenbire bir baş uzandı omuzumdan pencereye,
sarı saçlı, mavi gözlü bir komsomolka başı...
Sırtımda sert ve sıcak teması geniş göğsünün,
çarpıyor gözlerime çırpınan ucu örtüsünün
kızıl bir kuş kanadı gibi...
İçimde aşık olmak arzusunun tadı var
taze, mayhoş
bir yemiş
tadı gibi...

Tıkırdıyor trenin rayda tekerlekleri,
devrilerek geçiyor telgraf direkleri.
Düşüyor altımızdan kaçan
toprağın
üstüne
sarı, parlak ışıkları sıra sıra camların...
Yürüyen bir ışık kervanıyız
koynunda beyaz akşamların...

Die Konturen der Stadt, die hinter uns blieb,
verschwimmen,
            ihre Farben verblassen.
Wie ein sinkendes Schiff geht Moskau allmählich unter,
        gleitet nach und nach hinab bis unter den Horizont
    und erscheint im roten Streifen des Horizonts mit den Schatten...
Vor uns,
    hinter uns,
        ringsherum Ebene,
eine ganz flache,
        sich ins Unendliche dehnende Ebene...

Ein Kopf streckte sich plötzlich über meine Schulter hinweg zum Fenster
    der einer blonden, blauäugigen Komsomolzin...
Auf meinem Rücken die harte, warme Berührung ihrer breiten Brust,
der Zipfel ihres Tuches,
    das flattert wie der Flügel eines roten Vogels, schlägt mir in die [Augen.
In mir fühle ich den Geschmack der Lust, mich zu verlieben,
dem frischen süßsauren
        Geschmack
            einer Frucht gleich...

Die Räder des Zuges rattern über die Schienen,
die Telegraphenmasten sausen vorbei, fallen um.
Die gelb leuchtenden Lichter der Fensterreihen
            fallen
                auf die unter uns
davonfliehende Erde.
Wir sind eine marschierende Lichtkarawane
            im Schoß weißer Abende...

İkinci Gün

Bugün ikinci günü yolculuğumuzun.
Menzile bir gün daha yaklaştık.
Menzile yaklaştıkça, bana
        yollar uzun geliyor, günler uzun...
Okuyor, yüksek sesle birbirini yolcular
                meraklı bir kitap gibi...
İki günde dost oldular
            kırk yıllık ahbap gibi...
Belki tesiridir bu
            aynı yolda gitmenin,
aynı sulardan içip
            aynı ufku seyretmenin...
Her yoldaşlık gibi fakat
bu dostluğun da bakası var:
            yollar ayrılana kadar...

Bir bıçak gibi girip çıkıyoruz,
çam ormanlarının içine,
gömleklerimiz, reçine kokuyor
                reçine...
Akıyor tarlalar iki yandan
suları altın ışıklı bir nehir gibi,
bu altın sularda yükseliyor zaman zaman
fabrikalar yekpare bir şehir gibi...
Beyaz duvarlı, saman damlı köyleri geçiyoruz.
Toprak çanaklarda kaynamış süt içiyoruz.
Köylü çocuklar bağrışarak düşüyor peşimize:
»Day gazet! Day gazet! Day gazet! Day gazet!..«
Bu ses yalvarmıyor, emrediyor bize:
»Day gazet! Day!..«
        Bu ses İsanın köşesine
            Leninin resmini asan
Rus köylüsünün sesi!
Bu ses, kara toprağın üstünde nefes alan, dirilen,

Der zweite Tag

Heute ist der zweite Tag unserer Reise.
Dem Ziel sind wir einen Tag nähergekommen.
Während wir darauf zufahren, erscheinen mir
die Wege lang, die Tage so lang . . .
Die Reisenden erzählen laut voneinander
wie aus einem spannenden Buch . . .
Innerhalb von zwei Tagen wurden sie Freunde,
Vertraute wie nach vierzig Jahren . . .
Vielleicht kommt es daher,
daß man den selben Weg hat,
vom selben Wasser trinkt,
den selben Horizont betrachtet . . .
Wie jede Reisebekanntschaft aber ist
diese Freundschaft von Dauer:
bis die Wege sich trennen . . .

Wie ein Messer dringen wir
in die Fichtenwälder ein, fahren wieder hinaus,
unsere Hemden riechen nach Harz,
nach Harz . . .
Zu beiden Seiten ziehen Felder vorbei
wie ein Fluß mit golddurchflutetem Wasser,
in diesen goldfarbenen Gewässern steigen von Zeit zu Zeit
wie eine Stadt Schlote empor . . .
Wir fahren vorbei an Dörfern mit weißgekalkten Mauern und Strohdächern
Trinken abgekochte Milch aus Tonschüsseln.
Die Bauernkinder rennen schreiend hinter uns her:
»Day gazyetu! Day gazyetu! Day gazyetu! Day gazyetu!..«
Diese Stimme fleht uns nicht an, sie befiehlt uns:
»Day gazyetu! Day! . . . «
Diese Stimme ist die des russischen Bauern,
der in die Christusnische
das Bild Lenins hängt!
Diese Stimme ist die des riesigen Toten, der auf der schwarzen Erde atmet
[und wieder lebendig wird,

sarı saçlı, mavi gözlü dev ölüsünün sesi!..
Bugün ikinci günü yolculuğumuzun.
                Günler uzun geliyor, yollar uzun...

Üçüncü Gün

Geçmedeyiz yanından bugün:
Kızgın güneşte
zenci bir pehlivan gibi parlıyan «Donbas«ın!.
»Donbas«ta kara giymek delili değil yasın!
Sağımız kömür, solumuz kömür,
kömür ilerimiz, gerimiz.
Kömür tozuyla sürmelendi gözlerimiz!..
Gördük kömür payıtahtı Rostov şehrini,
asma köprülerden atladık »Don« nehrini,
                        şimali Kafkasyadayız!..
Kuban kazakları traktörlerle ekin biçiyor.
Traktörlerin üstünde »Samagonka« içiyor...

Dördüncü Gün

Bugün son günü yolculuğun, son!
Bu dört gün içinde vagon
kaç kere doldu, boşaldı?
Kaç yolcuyu yolda bıraktık,
gidenlerin ardından gülümseyip baktık.
Gidenlerin yerini gelenler aldı...

Vagonumuz bugün
muazzam kuzu kalpaklarının altında
yanık tahta heykeller gibi oturan,
ince parmaklarıyla kara kaytan bıyıklarını buran
                        Kafkas köylüleriyle dolu!..
Yan gözle pencereden dışarı bakıyorlar,

des blonden, blauäugigen Toten!...
Heute ist der zweite Tag unserer Reise.
Die Tage ziehen sich in die Länge, die Wege auch...

Der dritte Tag

Heute fahren wir daran vorbei:
an »Donbas«, das unter der sengenden Sonne
glänzt wie ein schwarzer Ringer!
In »Donbas« sich schwarz zu kleiden, ist kein Zeichen von Trauer!
Zu unserer Rechten Kohle, zu unserer Linken Kohle,
Kohle vor uns und hinter uns.
Mit Kohlenstaub sind unsere Augen geschminkt!
Wir sahen Rostov, die Hauptstadt der Kohle.
Überquerten den Don auf den Hängebrücken,
sind im nördlichen Kaukasus!...
Die Kubankosaken mähen mit Traktoren den Weizen.
Auf den Traktoren trinken sie »Samagonka«...

Der vierte Tag

Heute ist der letzte Tag der Reise, der letzte!
Wie oft in diesen vier Tagen
hat sich der Waggon gefüllt und geleert?
Wieviel Fahrgäste ließen wir unterwegs zurück,
sahen den Gehenden lächelnd nach,
den Platz der Gehenden nahmen die Kommenden ein...

Unser Waggon heute:
dicht besetzt mit kaukasischen Bauern, die unter ihrem ansehnlichen
dasitzen wie verbrannte Statuen [Kalpak aus Lammfell
und mit ihren dünnen Fingern
an ihrem langen schwarzen Schnurrbart zwirbeln...
Mit einem Seitenblick sehen sie zum Fenster hinaus,

ölçmek istiyorlarmış gibi geçtiğimiz yolu...

Dışarda,
uzaklarda,
yükseliyor dumanlı başı karlı Kazbekin!
Bol ağaçlı tarlalarda biçilmiş ekin.
İnce belli kısraklar kokluyor çayırları.
Yeşil rengin çeşidiyle işlenmiş
ipekli bir halı gibi Kafkas kırları...
Geçtik yanından uçsuz bucaksız neft vagonlarının,
içtik çamurlu sularını
                    Dağıstan istasyonlarının.

Sıcak, sıcak, sıcak!
Kumun ufkunda erimiş kurşun gibi Hazer denizi.
Sıcak, sıcak, sıcak!
Beyaz kıvılcımlar yakıyor gözlerimizi...

Dördüncü ve Son Gece

Birdenbire durdu tren
                    karanlığın ortasında.
Sıcak
        ve yumuşak
            kumun üstüne indim.
Oturmaktan uyuşan
            vücudumla gerindim...
Gök yüzü renkli rüyalarla dolu bir uyku gibi,
durgun ışıklı, koyu mavi bir su gibi.
İçimde bir ses diyor ki, bak bu suya,
yıldızların altında yat uykuya!
Yükseldikçe fakat kumların üzerinden
            yağlı bir neft kokusu,
dağılıyor gözlerimden
            bu yorgun yaz uykusu!..

als wollten sie den Weg abmessen, den wir fahren.

Draußen,
in der Ferne
ragt im Dunst der schneebedeckte Gipfel des Kazbek in die Höhe!
Auf den Feldern mit ihrem dichten Baumbestand liegt der gemähte
Stuten mit schmalen Lenden saugen den Duft der Wiesen ein. [Weizen.
Wie Seidenteppiche, mit allen Nuancen von Grün durchwoben,
sind die Wiesen des Kaukasus . . .
Wir fuhren an unendlich langen Erdölwaggons vorbei,
tranken das trübe Wasser
der Bahnhöfe Dagestans.

Hitze, Hitze, Hitze!
Am Horizont des Sands wie geschmolzenes Blei das Kaspische Meer!
Hitze, Hitze, Hitze!
Weiße Funken brennen in unseren Augen . . .

Die vierte und letzte Nacht

Plötzlich blieb der Zug stehen
mitten im Dunkel.
Auf warmem,
weichem
Sand stieg ich aus.
Ich dehnte meine Glieder,
die vom vielen Sitzen eingeschlafen waren . . .
Der Himmel ist wie ein Schlaf voll farbenfroher Träume,
wie ein tiefblaues Wasser voll stiller Lichter.
Eine Stimme in mir sagt, sieh dir dieses Wasser an,
lege dich hin unter die Sterne und schlafe!
Wenn erst aus dem Sand
der schmierige Geruch des Erdöls steigt,
wird dieser müde Sommerschlaf
aus meinen Augen verschwinden! . .

»Neye durduk?«
»Ne bekliyoruz?«
»Karşıdan gelecek Bakü postasını . . . «

Birden
tutuştu siyah ipekli bir kumaş gibi
karanlıklar alt ucundan.
Kum kızardı.
Yandı raylar.
Karşıdan gelen tren
kızıl sırma sorgucundan
havalara ateş parçaları bırakıp geçti . . .
Sırtı pul pul ışıldayan bir yılan
hışırdayarak kumun üstünden akıp geçti . . .

»Saat kaç?«
»Sekiz!«
»Üç saat sonra Baküdeyiz!«
»Hayır iki saat!«
»Hayır bir saat sonra!..«

Kanat takmak kabil olsaydı saatlara!..

Varış

Geldik!..
Bizi nefte getiren
bu uzun boylu tren,
neft yakarak yüreğinde
aştı dört aylık yolu dört günde . . .
Geldik! . .
Pırıl pırıl yanan Bakünün karşısında ben
bir dağın dibinden
dağı seyreder gibi hayranım.
Yıldızların altında

»Warum stehen wir?«
»Worauf warten wir?«
»Auf den entgegenkommenden Zug aus Baku . . . «

Plötzlich
fing die Dunkelheit, einem schwarzen Seidenstoff gleich,
von unten her Feuer.
Der Sand glühte rot.
Die Schienen brannten.
Der entgegenkommende Zug
fuhr vorbei,
aus seiner rotgoldenen Haube Funken in die Luft sprühend.
Eine Schlange mit funkelndem schuppenartigem Rücken
huschte zischelnd über den Sand . . .

»Wie spät ist es?«
»Acht!«
»In drei Stunden sind wir in Baku . . . «
»Nein, in zwei Stunden«
»Nein, in einer Stunde! . . . «

Könnte man doch den Stunden Flügel ankleben . . .

Die Ankunft

Wir sind angekommen . . .
Dieser lange Zug,
der uns zum Erdöl brachte,
in dessen Herzen Erdöl brannte,
überwand eine Strecke von vier Monaten in vier Tagen . . .
Wir sind angekommen . . .
Dem hell lodernden Baku stehe ich gegenüber
voll Bewunderung,
als betrachtete ich einen Berg von seinem unteren Ende her.
Voller Bewunderung,

tek başıma
gider gibi hayranım.
İçimde hiç durmadan koşmak
yüksek sesle konuşmak
haykırmak arzusu var.
Yağlı paltarlı, kara gözlü işçilerle öpüşüp,
Bakünün mukaddes toprağına yüzüstü düşüp,
avuçlayıp nefti
siyah şarap gibi içmek istiyorum!

Moskova-Bakü yolu, 1927

als liefe ich ganz allein
unter den Sternen.
Ich verspüre den Wunsch, unaufhaltsam zu rennen,
mit lauter Stimme zu reden,
zu schreien.
Die schwarzäugigen Arbeiter im ölverschmierten Kittel möchte ich küssen,
mit dem Gesicht auf den öldurchtränkten Boden fallen,
mir eine Handvoll Erdöl nehmen
und es trinken, wie schwarzen Wein.

Die Strecke Moskau-Baku, 1927

Çi-Çun-Tin

Kun-Min'de bir cennet köşkü Çi-Çun-Tin,
Zâlim Sı-Si sapsarı gelir, ilkbahara burdan bakardı.
Ben de baktım. Sandallar geçti arasından nilüferlerin.
»Doğuda Şafak« türküsünü söylüyorlardı.

Taş Gemi

Kun-Min'de bir gemi var, teknesi taştan.
Yelkenleri rüzgâr dolu Çin'de
                    bir o kımıldamıyor
                    bir o keder içinde.

Oymalara Dair

Van Şe-Sen'de mermer, karaağaç, fildişi.
İpekleşmiş ustaların kahraman ellerinde.
Gördüm: bu metin inceliğin bir eşi
mavi işbaşı elbiseli Pekin güzellerinde.

1. 10. 52 Ve Bolşevik İvan

Pırıl pırıl insan aktı Tyan-Min Meydanı'ndan.
En çorak topraklar bu nehirle bereketlenir.
Bayramı seyretti Sun Yat Sen'in yanından
kışlık sarayın ilk şehidi bolşevik İvan.

Pekin, 1952

Zhichunting

Zhichunting ist ein Paradiespavillon am Kunming
die grausame Cixi kam immer ganz blaß und sah sich von hier aus den
[Frühling an.
Auch ich sah ihn mir an. Die Boote fuhren zwischen den Seerosen hindurch.
Das Lied »Der Osten ist rot« erklang.

Das steinerne Schiff

Am Kunming gibt es ein Schiff mit einem Rumpf aus Stein.
Mit Segeln voll Wind in China
bewegt nur es sich nicht,
ist nur es bedrückt.

Über die Schnitzkunst

In Wanshoushan Marmor, Ulmen, Elfenbein.
Zu Seide wurden sie in den heldenhaften Händen der Meister.
Ich sah: Das Gegenstück zu dieser gediegenen Feinheit
sind die Schönheiten Pekings in ihren blauen Arbeitskitteln.

1. 10. 52 und der Bolschewik Iwan

Freudestrahlend zog der Menschenstrom über den Tiananmen-Platz.
Die unfruchtbarsten Böden kann dieser Fluß fruchtbar machen.
Der Bolschewik Iwan, der erste Märtyrer des Winterpalastes,
erlebte das Fest an der Seite von Sun Yat-sen.

Beijing, 1952

Lehistan Mektubu

Sevgilim, gonca gülüm,
başladı Lehistan ovasında yolculuğum:
Küçücük bir çocuğum,
bakıyorum ilk resimli kitabıma;
küçücük bir çocuğum,
sevinçler içinde, hayretler içinde;
küçücük bir çocuğum,
bakıyorum ilk resimli kitabıma,
        insanları, hayvanları, eşyaları,
                daha renkli, daha güzel,
                        yeni baştan keşfederek.

Lehistan ovasında bahar.
Bir bizim oraların baharları böyledir:
Işığında şahin olup uçasın gelir,
deresinde sazan olup yüzesin gelir,
yeşilini çiy çiy yiyesin gelir.
Bir bizim ovaların baharları böyledir:
Sesin var mı, yok mu, bakmaz,
            zorla türkü söyletir;
uykunda bile yakanı bırakmaz
            girer, düşüne girer
                güneşlerle yüklü dallar. . .
Lehistan ovasında bahar,
                        bahar,
                            bahar.

Sevgilim, gonca gülüm, ah gonca gülüm,
sokmak için fırsat kolluyor ölüm
        çöreklenmiş sol mememin altında;
rezillik olurdu, zulüm mü zulüm,
        ayrılmak dünyadan bahar vaktında.

Brief aus Polen

Meine Liebe, meine Rosenknospe,
meine Reise begann in der polnischen Ebene:
Ich bin ein kleines Kind,
betrachte mein erstes Bilderbuch;
ich bin ein kleines Kind,
voll Freude, voll Staunen;
ich bin ein kleines Kind,
betrachte mein erstes Bilderbuch,
        entdecke dabei die Menschen, die Tiere, die Dinge,
                noch farbenfroher, noch schöner,
                    ganz neu.

In der polnischen Ebene der Frühling.
So ist der Frühling nur in unseren Ebenen:
In ihrem Licht möchtest du ein Falke werden und fliegen,
in ihren Bächen ein Karpfen werden und schwimmen,
ihr Grün am liebsten roh essen.
So ist der Frühling nur in unseren Ebenen:
Ob du eine Stimme hast oder nicht, es ist ihnen gleich,
            du mußt singen, ob du willst oder nicht;
nicht einmal im Schlaf lassen sie dich los,
            erscheinen mit ihren sonnenbeladenen Zweigen
                dir im Traum . . .
In der polnischen Ebene der Frühling,
                    Frühling,
                        Frühling.

Meine Liebe, meine Rosenknospe, o meine Rosenknospe,
auf eine Gelegenheit, mich zu beißen, lauert der Tod,
        der sich unter meiner linken Brust zusammengeringelt hat;
peinlich wäre es, äußerst ärgerlich,
        sich im Frühling von der Welt zu verabschieden.

Sevgilim, dayı kızım, Memed'imin anası,
dedelerimizden biri
1848 Polonya muhaciri.
Belki o Varşovalı güzel kadına, senin
ikizmişsiniz gibi benzeyişin bundandır,
belki ben bu yüzden böyle sarı bıyıklı
böyle uzun boyluyum,
oğlumuzun gözleri böyle kuzey mavisi.
Belki de bu yüzden bu ova bana
bizim ovaları hatırlatıyor,
yahut da bu yüzden bu Leh türküsü,
içimde, derinde, yarı aydınlık
uyuyan bir suyu kımıldatıyor.
Lehistan'dan gelmiş dedelerimizden biri,
gözlerinde karanlığı yenilginin,
saçları al kana boyalı.
Uykusuz geceleri Borjenski'nin
benimkilerine benzer olmalı.
Tıpkı benim gibi o da
çok uzaklarda kalan bir ağacın altında
unutmuş olabilir uykusunu.
Onu da benim gibi deli etmiştir, deli,
her solukta alıp da memleket kokusunu
memleketi bir daha görmemek ihtimali.

Sevgilim,
nerde, ne zaman hürriyet dövüşmüş de
ön safında Polonyalı bulunmamış?
Bir Zenci türküsü olacak,
Harlem'de söylenen bir türkü.
Kederli biraz, umutsuz değil,
karanlık gibi yumuşak.
Eminim, bir Zenci türküsü olacak,
Harlem'de söylenen bir türkü.
Usullacık, usullacık okur onu anneler,
çocuklar uykuya korkusuz varır:

Meine Liebe, meine Cousine, Mutter meines Memed,
einer unserer Großväter ist
ein Emigrant aus Polen von 1848.
Vielleicht kommt daher deine Ähnlichkeit mit jener schönen Warschauerin,
einer Zwillingsschwester vergleichbar,
vielleicht habe ich deshalb einen so blonden Schnurrbart,
bin so groß,
sind darum die Augen unseres Sohnes so nordisch blau.
Vielleicht erinnert mich auch deswegen die Ebene hier
an unsere Ebenen,
bewegt dieses polnische Lied
ein halbwegs klares
Wasser, das tief in mir schläft.
Aus Polen kam einer unserer Großväter,
in seinen Augen die Finsternis der Niederlage,
sein Haar mit rotem Blut verschmiert.
Die schlaflosen Nächte Borzańskis müssen
meinen geglichen haben.
Auch er dürfte genau wie ich
in weiter Ferne unter einem Baum
seinen Schlaf vergessen haben.
Auch ihn dürfte es, wie mich, verrückt gemacht haben, verrückt,
die Heimat wahrscheinlich nie mehr wieder zu sehen,
auch wenn man bei jedem Atemzug ihren Duft spürt.

Meine Liebe,
wo und wann immer man auch für die Freiheit kämpfte,
war da nicht an vorderster Front ein Pole dabei?
Es muß ein Lied der Neger geben,
ein Lied, das man in Harlem singt.
Ein wenig melancholisch, aber nicht hoffnungslos,
sanft wie die Dunkelheit.
Ich bin mir sicher, es muß ein Lied der Neger geben,
ein Lied, das man in Harlem singt.
Leise, ganz leise singen die Mütter es,
die Kinder schlafen ein ohne Furcht:

Kapının önünde dolaşmaktadır
Savannah'ta zenciler için ölen
ak kanatlı
Polonyalı atlı
Pulavski Kazimir.

Milletlerin baharıydı.
Uzak kayalıklarda açan çiçeklerin
ışıklı balıydı hürriyet,
milletler arıydı.
Milletlerin baharıydı,
bahardı, bir tanem,
büyük bir bahar.
Yürüdü Macar ordusunun önünde
öfkeli ufacık bir ihtiyar,
Lehistan'ın en yeşil dalı general Bem...
Paris'e gidebilsem, dayı kızı, Paris'e gidebilsem,
yağmur yağsa o gün öğleden önce
öğleden sonra açsa güneş.
Kızıl bir bayrak gibi inse akşam
Varşova'dan getirdiğim beyaz gülü
Dombrovski Vroslav'ın kabrine koysam.
Biliyorsun, gülüm,
en kutsal umudumuzun ağacı
Lenin'in memleketinde dikildi.
Fidandı henüz.
Karlı gecelerde onu bekledi
elleriyle ısıtarak
sabahlara dek
büyük çekist Cercinski Feliks.
Yetmiş yedi milletin kanı
karışıp İspanyol kanıyla
aktı İspanya toprağına.
Dedim ya, dayı kızı, dedim ya
nerde, ne zaman hürriyet dövüşmüş de
ön safında Polonyalı bulunmamış?
Öyle şey olmaz.

Draußen vor der Tür patrouilliert
der weißbeflügelte
polnische Reiter
Pulaski Kazimierz,
der in Savannah für die Neger starb.

Es war der Frühling der Nationen.
Der auf fernen Felsen blühende Lichthonig
war die Freiheit,
die Nationen waren die Bienen.
Es war der Frühling der Nationen,
es war Frühling, meine Einzige,
ein großer Frühling.
An der Spitze der ungarischen Armee marschierte
ein zorniger, winziger Alter,
der grünste Zweig Polens, General Bem...
Wenn ich nach Paris gegangen wäre, meine Cousine, nach Paris,
hätte es an jenem Vormittag geregnet,
nachmittags wäre die Sonne hervorgekommen.
Wie eine rote Fahne möge sich der Abend herabsenken,
und ich lege die weiße Rose, die ich aus Warschau mitbrachte,
Dąbrowski Władysław aufs Grab.
Du weißt, meine Rose,
der Baum unserer heiligsten Hoffnung
wurde im Land Lenins gepflanzt.
Er war noch ein Schößling.
In verschneiten Nächten wachte er neben ihm,
hielt ihn bis zum Morgen warm
mit seinen Händen,
der große Tschekist, Dzierzyński Felix.
Das Blut von siebenundsiebzig Nationen floß,
sich mit dem spanischen vereinend,
in Spaniens Erde.
Ich sagte ja, meine Cousine, sagte ja schon,
wo und wann immer man für die Freiheit kämpfte,
war da nicht an vorderster Front ein Pole dabei?
Kein Zweifel.

Dövüştü sarı, genç aslanlar gibi Valter
(Sverçevski)
Saragossa'da o yaz.
Dövüştü ölüme karşı
hayat gibi akıllı, kurnaz,
dövüştü gülerek, şakalaşarak.
Valter biliyordu ki, toprak
tel örgülerin önünde durdurulamaz
ve öyle karanlıkta kaçak maçak değil,
ay ışığında hattâ güpegündüz
geçer sınır topraklarını pasaportsuz.
Valter biliyordu ki
Madrit'te çıkan yangın
Varşovayı yakabilir.
Varşova yandı, gonca gülüm,
Varşova yandı.
Gamalı haçıyla Paris'e girdi ölüm
Moskova kapılarına dayandı.
Kan aktı
hiçbir kitabın yazmadığı
hiçbir türkünün söylemediği kadar.
Stalingrat'ta yüzgeri etti ölüm,
kovalandı inine dek
ve orda iki büklüm
can verdi.
Valter ölümü yenenlerle beraberdi.

Sevgilim, gonca gülüm,
başladı Lehistan ovasında yolculuğum.
Lehistan'da millet
sosyalizmi kurmakla meşgul.
Sosyalizm,
yani şu demek ki, dayı kızı,
sosyalizm,
senin anlayacağın yani,
elkapısının yokluğu değil de

Wie ein blonder junger Löwe kämpfte Walter
(Świerczewski)
in jenem Sommer in Zaragoza.
Er kämpfte gegen den Tod,
weise und schlau wie das Leben,
kämpfte lachend, voller Scherz.
Walter wußte, daß die Erde
am Stacheldraht nicht zu Ende ist,
und nicht etwa wie ein Illegaler in der Dunkelheit,
nein, im Mondschein, am hellichten Tag sogar
überquerte er den Grenzstreifen ohne Paß.
Walter wußte,
daß das Feuer, das Madrid in Brand setzte,
Warschau verbrennen kann.
Warschau brannte nieder, meine Rosenknospe,
Warschau brannte.
Der Tod mit seinem Hakenkreuz betrat Paris
und stand vor den Toren Moskaus.
Blut floß,
soviel, daß kein Buch es beschreiben,
kein Lied es besingen kann.
In Stalingrad machte der Tod kehrt,
man verfolgte ihn bis in seine Höhle,
und dort, ganz gekrümmt,
hauchte er sein Leben aus.
Walter war unter jenen, die den Tod besiegten.

Meine Liebe, meine Rosenknospe,
meine Reise begann in der polnischen Ebene.
Das Volk in Polen
ist damit beschäftigt, den Sozialismus aufzubauen.
Sozialismus
heißt also, meine Cousine,
darunter versteht man,
nicht etwa,
daß es kein Verdingen mehr gibt,

imkânsızlığı.
Ekmeğimizde tuz,
kitabımızda söz,
ocağımızda ateş oluşu hürriyetin,
yahut, başkası yel de,
sen yaprakmışın gibi titrememek,
bunun tersi yahut...
Sosyalizm,
devirmek dağları elbirliğiyle,
ama elimizin öz biçimini,
öz sıcaklığını yitirmeden.
Yahut, meselâ,
sevgilimizin bizden ne şan, ne para,
vefadan başka bir şey beklemeyişi...
Sosyalizm,
yani yurttaş ödevi sayılması bahtiyarlığın,
yahut, meselâ,
– bu seni ilgilendirmez henüz –
esefsiz,
güvenle,
emniyetle,
gölgeli bir bahçeye girer gibi
girebilmek usulcacık ihtiyarlığa,
ve hepsinden önemlisi,
çocukların, ama bütün çocukların,
kırmızı elmalar gibi gülüşü...
Göğsümü kabartmıyor değil
dedelerimden birinin Lehli oluşu...

1954

sondern daß dafür jede Möglichkeit fehlt.
Er ist die Verwandlung der Freiheit in das Salz unseres Brotes,
in das Wort unseres Buches,
in das Feuer unseres Herdes
oder auch, nicht wie ein Blatt zu zittern,
als wäre der andere der Wind und du ein Blatt
oder umgekehrt...
Sozialismus heißt,
Berge zu versetzen, Hand in Hand,
ohne jedoch die eigene Form,
die eigene Wärme der Hand zu verlieren.
Oder er heißt zum Beispiel,
daß unsere Geliebte weder Ruhm noch Geld,
außer Treue weiter nichts von uns erwartet...
Sozialismus heißt also,
das Glück als Pflicht des Bürgers zu betrachten
oder zum Beispiel auch
– doch das ist für dich noch uninteressant –
ohne Bedauern,
vertrauensvoll
und sicher,
als beträte man einen schattigen Garten,
ganz sanft an das Alter heranzugehen,
und von allem am Wichtigsten,
er ist das Lachen der Kinder, aller Kinder jedoch,
roten Äpfeln gleich...
Wie sollte ich darauf nicht stolz sein,
daß einer meiner Großväter Pole war...

1954

Akşam

Anadolu ovalarındaki gibi tıpkı
havayi mavi
              toz pembe
                    açık mor,
Macar ovasında akşam oluyor.
Ağaçlar bildik ağaçlar, bizim ovadakiler,
dibinde ağaçların
          akşam serinliğinde
                    terli, sıcak
asker kaputuna benziyor toprak.
Asker kaputuna benziyor toprak,
o renkte,
              öyle uçsuz bucaksız
                    öylesine dayanıklı,
Anadolu ovalarındaki gibi tıpkı
Macar ovasında akşam oluyor.
Konuyor dallara yıldızlar
                    yaprakların arasına
                         kuşlarla beraber,
ağaçlar bildik ağaçlar, bizim ovadakiler.
Benzerlik işte o kadar ama
                    akşammış, toprakmış, ağaçmış.
Bizim ovalarda çocuklar aç,
              gelinler yirmi yaşında koca karı,
bizim ovalarda öküzlerin boyu bir karış.
Bizim ovalar Macar ovası değil.

30 Mart 1954

Abend

Genau wie in den anatolischen Ebenen
wird es himmelblau,
              purpurrot,
                hellviolett,
Abend in der ungarischen Ebene.
Die Bäume sind bekannt, die Bäume unserer Ebene,
zu ihren Füßen
          gleicht in der Abendfrische
              die Erde
einem schweißdurchtränkten, warmen Soldatenmantel.
Einem Soldatenmantel gleicht die Erde,
hat genau die Farbe,
              ist genau so unendlich,
                so kraftvoll,
genau wie in den anatolischen Ebenen
wird es in der ungarischen Ebene Abend.
Die Sterne lassen sich auf den Zweigen,
                      zwischen den Blättern nieder,
                        mit den Vögeln zusammen,
die Bäume sind bekannt, die Bäume unserer Ebene.
Doch geht die Ähnlichkeit nur soweit,
                      nur bis zum Abend, zur Erde, zum Baum.
Die Kinder in unseren Ebenen sind hungrig,
              die Bräute mit zwanzig alte Frauen,
die Höhe der Ochsen in unseren Ebenen ist eine Handspanne breit.
Unsere Ebenen kommen nicht der ungarischen Ebene gleich.

30. März 1954

Postacı

Macaristan'dan yolculuk notlarından

İnsanın, dünyanın, yurdun haberini,
ağacın, kuşun, kurdun haberini,
seher vakitlerinde
yahut
gecenin ortasında
taşıdım insanlara yüreğimin çantasında,
şairlik ettim
bir çeşit postacılık yani.
Çocukken postacı, olmak isterdim,
şairlik filân yoluyla değil ama
basbaya, sahici postacı.
Renkli kalemlerle çizilirdi bin türlü resim
hep aynı postacının, Nâzım'ın resmi,
Jül Vern'in romanlarıyla coğrafya kitaplarına.
İşte, köpeklerin çektiği kızağı
sürüyorum buzun üzerinde.
Işıldıyor kuzey şafağı
konserve kutularıyla posta paketlerinde.
Bering Boğazı'nı geçiyorum.
Yahut işte bozkırda gölgesinde ağır bulutların
asker mektubu dağıtıp ayran içiyorum.
Yahut da büyük şehrin uğultulu asfaltındayım,
çantamda yazıları yalnız müjdelerin
yalnız umutların.
Yahut çölde, yıldızların altındayım.
Bir küçük kız ateşler içinde hasta.
Kapı çalınıyor gece yarısı:
»Posta!«
Küçük kızın gözleri açıldı mavi mavi.
Babası yarın akşam dönüyor hapislikten.

Briefträger

Reisenotizen aus Ungarn

Nachrichten von den Menschen, der Welt, der Heimat,
Nachrichten vom Baum, Vogel und Wolf
brachte ich in der Morgendämmerung
                    oder
                        um Mitternacht
den Menschen in der Tasche meines Herzens,
ich machte einen Dichter,
                also eine Art Briefträger.
Als Kind wollte ich Briefträger werden,
aber nicht auf den Wegen des Dichters etwa,
sondern tatsächlich ein richtiger Briefträger.
Mit bunten Stiften hätte man dann tausendfach das Bild
                    des immer gleichen Briefträgers, Nâzıms Bild,
in die Romane Jules Vernes und die Geographiebücher gemalt.
Da bin ich, treibe den Hundeschlitten
                        über das Eis.
Das morgendliche Nordlicht
                glänzt auf den Konservendosen und Postpaketen.
Ich überquere die Bering-Straße.
Oder teile in der Steppe im Schatten schwerer Wolken
die Soldatenpost aus und trinke Ayran dabei.
Oder stehe auf dem sirrenden Asphalt einer Großstadt,
in meiner Tasche nur Schreiben mit frohen Botschaften,
                    voller Hoffnungen.
Oder ich bin in der Wüste, unter den Sternen.
Ein kleines Mädchen hat Fieber, ist krank.
Um Mitternacht pocht es an die Tür:
»Die Post!«
Die Augen des kleinen Mädchens öffneten sich blau in Blau.
Morgen abend kommt sein Vater aus dem Gefängnis zurück.

O karda kıyamette bendim bulan o evi.
Komşu kıza bendim telgırafı getiren.
Çocukken postacı olmak isterdim.
Oysaki, Türkiye'mde postacılık zor sanattır.
Telgıraflarda envayi türlü acı
mektuplarda satır satır keder taşır
o güzelim memlekette postacı.
Çocukken postacı olmak isterdim.
Muradıma, Macaristan'da erdim, ellisinde.
Çantamda bahar.
Çantamda Tuna'nın pırıltısıyla,
kuş cıvıltısıyla,
taze çimen kokusuyla dolu mektuplar,
Moskova'ya Budapeşte'den,
çocukların çocuklara mektupları.
Çantamda cennet . . .
Bir zarfın üzeri:
»Memet,
Nâzım Hikmet'in oğlu,
Türkiye«
diye yazılı.
Moskova'da mektupları birer birer
kendim dağıtırım adreslerine.
Yalnız Memed'in mektubunu götüremem yerine,
hattâ yollayamam.
Nâzım'ın oğlu,
haramiler kesmiş yolu,
mektubunu vermezler.

Mayıs 1954

Ich war's, der in diesem wüsten Schneetreiben das Haus ausfindig machte,
ich war's, der dem Nachbarmädchen das Telegramm überbrachte.
Als Kind wollte ich Briefträger werden.
Doch ist es in meiner Türkei ein schwieriger Beruf, Briefträger zu sein.
In den Telegrammen überbringt der Briefträger in diesem schönen Land
vielerlei Schmerz,
in den Briefen Zeile um Zeile Kummer.
Als Kind wollte ich Briefträger werden.
Mein Wunsch ging in Ungarn in Erfüllung, in meinen Fünfzigern.
In meiner Tasche der Frühling.
In meiner Tasche Briefe, erfüllt vom Donaugeglitzer,
Vogelgezwitscher
vom Duft der frischen Wiese,
Briefe von Budapest nach Moskau,
Briefe von Kindern an Kinder.
In meiner Tasche das Paradies . . .
Auf einem Umschlag
steht:
»Memet,
Sohn Nâzım Hikmets,
Türkei«.
In Moskau werde ich selbst
die Briefe einen nach dem anderen zustellen.
Nur den Brief an Memet kann ich nicht zu seinem Ort tragen,
nicht einmal schicken.
Nâzıms Sohn,
die Räuber haben den Weg abgeschnitten,
überreichen dir den Brief nicht.

Mai 1954

Macaristan Notları

Havalandık Pırağ'dan
indik Budapeşte'ye.
Kuş olmak güzel şey
hattâ bulut olmak,
ama ben memnunum insan olmaktan.
En de sevdiğim unsur: toprak.
İşte belki de bu yüzdendir:
uçağın camına dayayıp alnımı,
yahut da abanıp bir küpeşteye
ne zaman ayrılsam topraktan
bir kederdir içime düşer,
elinin, sevgilim,
elimden sıyrılışı gibi bir keder,
tıpkı o sabahki gibi,
eşiğinde kapımızın,
İstanbul'da.
Çıkarsın kış gecesi köyden
kış görünür
ovadan önce;
açarsın pencereyi yaz gecesi
yıldızlar girer odana
gökyüzünden önce;
baharda ormanda önce yeşil görünür.
Budapeşte'de çocukları görüyorsun ilk önce.
Evlerden önce hattâ.
Caddeler cıvıl cıvıl çocuk dolu ağzına kadar.
Hava da sıcak mı sıcak.
Bacaklarıyla belden yukarıları çıplak,
yaldızlı tenleri pırıldıyor güneşte.
Velhâsıl, al yanaklı, pıtrak elmalarıyla övünen
bir elma ağacı gibi Budapeşte'de.

Ungarn-Notizen

Wir flogen in Prag ab
 und landeten in Budapest.
Ein Vogel zu sein, ist etwas Schönes,
 sogar eine Wolke zu sein,
aber ich bin zufrieden, ein Mensch zu sein.
Das Element, das ich am meisten liebe: die Erde.
Vielleicht überfällt mich aus diesem Grund,
während ich die Stirn ans Fenster des Flugzeugs presse
oder mich an die Reling lehne,
 wann immer ich die Erde verlasse,
 eine Trauer, eine Trauer,
 wie wenn deine Hand, meine Liebste,
 meiner Hand entgleitet,
 wie auch an jenem Morgen
 auf der Schwelle unserer Tür
 in Istanbul.
Du verläßt in einer Winternacht das Dorf,
 der Winter steht
 vor der Ebene;
du öffnest das Fenster in einer Sommernacht,
 die Sterne kommen in dein Zimmer
 vor dem Firmament;
im Frühling zeigt sich vor dem Wald das Grün.
In Budapest siehst du die Kinder zuallererst,
 sogar vor den Häusern.
Auf den Straßen wimmelt es von fröhlich lachenden, schwatzenden Kindern.
Und warm ist es, warm.
Ihre Beine, ihre Oberkörper sind nackt,
die goldene Haut glänzt in der Sonne.
Kurzum, Budapest ist wie ein Apfelbaum,
 der sich seiner rotwangigen, dicht an dicht sitzenden Äpfel rühmen
 [kann.

Yeşil gözlüm,
kucağında 3 aylık bıraktım Memed'imi,
gülmeyi az buz beceriyordu,
şimdi konuşuyordur.
»Baba« demesini öğrettin mi?

Piyoner kamplarından birine gittim,
        hemen o gün, şehrin dolayında.
Burda işçilerin,
        köylülerin,
            aydınların çocukları,
                halkın yani,
yani sahici insanların,
        yani Macaristan'ı Macaristan yapanların.
Etraf yemyeşil,
yapılar bembeyaz,
döşekler güneş kokuyor.
Sana bir şey söyleyeceğim,
böbürleniyorsun, diyeceksin,
                    ama hakikat:
Çocuklar çabucak ahbap oluyor benimle.
Hapisanede pencereme gelen kuşlar da öyleydi.
Ters anlama,
çocukları kuşlara filân benzettiğim yok.
Bilirsin ya, çocuklar,
                hele halkın çocukları,
                akıllı cesur mahlûklar,
yürekleri de gözlerinde.
Aralarına alıverdiler beni.
El ele tutuştuk,
postanelerine gittik.
Telgırafçı, müvezzi, müdür, kasadar
                hepsi çocuk.
Muameleleri gayetle nazik
                hem de çabuk,
yani dehşetli düşmanlar bürokrasiye.

Meine Grünäugige,
in deinem Schoß ließ ich meinen drei Monate alten Memed zurück
er konnte wohl schon ein wenig lachen,
nun spricht er sicher.
Hast du ihm beigebracht, »Vater« zu sagen?

Ich suchte eines der Pionierlager auf,
noch am selben Tag, in der Nähe der Stadt.
Hier sind die Kinder der Arbeiter,
Bauern,
die Kinder der Intellektuellen,
des Volkes also,
das heißt, die der richtigen Menschen,
also der, welche aus Ungarn ein Ungarn aufbauen.
Die Umgebung sattgrün,
die Häuser blendend weiß,
die Betten riechen nach Sonne.
Ich will dir etwas sagen,
du gibst nur an, wirst du erwidern,
aber es ist wirklich so:
Die Kinder freunden sich im Nu mit mir an.
Auch die Vögel, die im Gefängnis an mein Fenster kamen, taten das
Versteh' mich nicht falsch,
ich vergleiche nicht etwa die Kinder mit den Vögeln.
Du weißt ja, Kinder,
vor allem die aus dem Volk, sind
kluge, tapfere Geschöpfe,
die ihr Herz in den Augen tragen.
Sie nahmen mich in ihre Mitte.
Wir faßten uns an den Händen,
gingen zu ihren Postämtern.
Der Telegraphist, der Briefträger, der Direktor, der Kassierer,
alle sind Kinder.
Die Bedienung ist äußerst zuvorkommend,
schnell dazu,
also der Bürokratie ungeheuer feindlich gesinnt.

Bir kartpostal yolladım Moskova'ya,
Erol'a, oğluna Erdem'in.

Karıcığım,
geceleri kapatıp pencereleri
radyoda Moskova'yı bulup
Erdem'i dinliyorsundur yine,
mürettip Şahab'ın anasıyla beraber.
Ve harap mahellede, yıldızların altında Ağustos böcekleri;
düdükleri bekçilerin,
bir de Rahmi beylerin artsız arasız uluyan köpekleri.
Misafir çocuklar da vardı kampta
Koreli ve Yunanlı öksüzler.
Kara kâkülü altından
yüzüme muhabbetle bakan
Phenyanlı oğlancığın babasını
belki de bizimkilerden biri öldürdü.
Muselâ, Süleyman,
Çankırı köylüklerinden,
dördüne bastığı halde
sıska eğri bacakları üstünde
sıtmalı, şiş karnını taşıyamayan
Hasan oğlanın babası Süleyman.
Süleyman'a postalları giydirdiler,
eline de Amerikan tüfeğini verdiler,
beş denizin ötesine sürdüler,
kaatil ettiler Süleyman'ımı.
Yunanlı bir kız çocuğu sarıldı boynuma,
taze zeytin dalı gibi bir kız çocuğu.
»Amca« dedi,
»bizim orda,
sizin orda ne zaman böyle yerler olacak?
Ne zaman biz de misafir çağıracağız
Macar arkadaşları?«

Eine Postkarte schickte ich nach Moskau,
an Erol, den Sohn Erdems.

Meine liebe Frau,
nachts schließt du die Fenster,
suchst Moskau im Radio
und hörst wieder Erdem,
zusammen mit der Mutter des Schriftsetzers Şahap.
Und im verfallenen Viertel unter den Sternen die Zikaden;
die Trillerpfeifen der Nachtwächter,
zudem die Hunde von Rahmi Bey, die unablässig, ununterbrochen heulen.
Auch Kinder von Gästen gab es im Lager,
koreanische und griechische Waisen.
Den Vater des Bübchens aus Pyöngyang,
der mir unter seinen schwarzen Simpelfransen hervor
freundlich ins Gesicht blickte,
tötete vielleicht auch einer der Unsrigen.
Zum Beispiel Süleyman
aus den Dörfern um Çankırı,
Vater des Buben Hasan,
der, obwohl bereits vier,
auf seinen mageren, krummen Beinen
seinen malariakranken, aufgeblähten Bauch nicht tragen [kann.
Dem Süleyman zog man den Soldatenschuh an,
drückte ihm dazu noch ein amerikanisches Gewehr in die Hand,
verfrachtete ihn über fünf Meere hinweg
und machte meinen Süleyman zu einem Mörder.
Ein kleines griechisches Mädchen fiel mir um den Hals,
ein Mädchen wie ein frischer Olivenzweig.
»Onkel,« fragte es,
»wann wird es dort bei uns,
dort bei euch auch solche Orte geben?
Wann werden auch wir die ungarischen Freunde
als Gäste einladen?«

Zaharyadis,
çocuklarımız sabırsız,
elimizi tez tutmalıyız.

1954

Zachariadis,
unsere Kinder sind ungeduldig,
wir müssen uns sputen.

1954

Macar Toprağı

Merhaba Macar toprağı,
sen bu yaz vakitleri
                    fırından yeni çıkmış ekmek gibisin
                        kabarık,
                        yaldızlı, esmer
ve ekmek gibi sırlarınla dolu
               ekmek gibi mübareksin.

Merhaba Macar toprağı,
altındaki tohumlara
                    köklere, temellere, madenlere,
                    altındaki kemiklere merhaba.

Merhaba Macar toprağı,
üstündeki gündüzlere, gecelere,
                    üstündeki yapraklara
sevdalara, türkülere,
pencerelere
kanatlara, ellere, ayaklara merhaba.

Merhaba Macar toprağı,
                        esir toprağımdan selâm getirdim sana.
Senin de geçmiş başından,
                        bilirsin
               esirliğin ne demek olduğunu.
İnsanın toprağına nasıl çirkin görünüp
insana toprağın nasıl dar geldiğini.
Sözün ağızda,
               bakışın gözde donup kaldığını,
Ve emeğimizin
               çürük bir yemiş gibi acı olduğunu avucumuzda.
Toprak da insan gibi,
               türküler gibi tıpkı,

Die ungarische Erde

Merhaba, ungarische Erde,
zu dieser Sommerzeit bist du,
wie ein frisch aus dem Ofen gezogenes Brot,
aufgetrieben,
braunglänzend
und wie das Brot voller Geheimnisse,
fruchtbar wie das Brot.

Merhaba, ungarische Ebene,
ihr Samen darin,
ihr Wurzeln, Grundsteine, ihr Bergwerke,
ihr Knochen darin, merhaba.

Merhaba, ungarische Ebene,
ihr Tage und Nächte darüber,
ihr Blätter,
ihr Lieben und Lieder,
ihr Fenster,
Flügel, Hände und Füße darüber, merhaba.

Merhaba, ungarische Erde,
von meiner geknechteten Erde brachte ich dir einen Gruß.
Auch du hast das mitgemacht,
weißt,
was Knechtschaft heißt.
Wie der Mensch seiner Erde häßlich erscheint,
wie die Erde dem Menschen zu eng wird.
Wie das Wort im Mund,
der Blick im Auge erstarrten,
und wie unsere Arbeit,
einer faulen Frucht gleich, sauer wurde in unserer Hand.
Auch die Erde ist wie der Mensch,
genau wie die Lieder,

hürriyette bir kat daha güzelleşiyor.
Güzelleşmişin bir kat daha Macar toprağı.
İnsanına, nimetine,
hayaline, hürriyetine,
şairine, şarabına doyum olmuyor.

Hoşça kal
lâyık olmadığım kadar ağırladın beni.

Hoşça kal,
Götürüp koydum Gelert tepesine
                    senin kır çiçeklerini Macar toprağı
                        kendi halkım adına.

Hoşça kal
            başaklarına tane,
                hayvanlarına besi,
                    çeliğine kuvvet,
                        insanlarına bahtiyarlık dilerim.

Hoşça kal.
Belki yine gelirim.
Belki ömür vefa etmez.
Ama bilirim, gün olacak, bilirim,
senden bize, bizden sana misafir gidip gelinecek,
            bir bahçeden bir bahçeye geçer gibi.

1954

in Freiheit wird sie doppelt so schön.
Du bist doppelt so schön geworden, ungarische Erde.
Man wird nicht satt von deinen Menschen, deinem Glück,
deinem Bild, deiner Freiheit,
von deinem Dichter, deinem Wein.

Lebe wohl,
du hast mich so bewirtet, wie ich es gar nicht wert bin.

Lebe wohl,
ich legte deine Wiesenblumen, ungarische Erde,
auf den Gellért-Berg,
im Namen meines Volkes.

Lebe wohl,
deinen Ähren wünsche ich Korn,
deinen Tieren Futter,
deinem Stahl Härte,
deinen Menschen Glück.

Lebe wohl.
Vielleicht komme ich wieder.
Vielleicht ist es mir vergönnt.
Aber ich weiß, der Tag wird kommen, das weiß ich,
an dem man von uns zu euch zu Besuch kommen wird und von [euch zu uns,
als ginge man von einem Garten in den anderen.

1954

Deniz Üstüne

Sertti, karma karışıktı batımızda kalan dağlar.
Tirenimiz indi ordan ılık, ıslak düz ovaya.
Sağımızda, ter içinde, bir kamyonet gidiyordu.
Şoför, yeşil entarili şişman, esmer bir kadındı.
Oturmuştu arkadaki çuvallara bir gemici,
şapkasının kurdelesi uçuyordu çırpınarak.
Köprüleri, kuleleri, bacaları, dumanıyla
gümüş rengi bir fabrika geçiyordu solumuzdan,
limanına dönen bir harp gemisine benziyordu.

*

Serinliği geldi önce,
karıştırdı keskin iyot kokusunu
raflardaki elmaların kokusuna.
Sonra, baktım, aksi vurmuş gökyüzüne,
hava kat kat mavileşmiş.
Sonra birden kendisiyle karşılaştık.
Mendireğin içindeydi,
sıkışmıştı rıhtımlarla gemilerin arasına.
Zooparkta seyrettiğim bir kartalı hatırladım,
kanatları yana düşük,
küskün başı yüreğinde.

*

İstasyona girdi tiren, kayboldu o.
İstasyondan çıktı tiren, yine birden karşılaştık:
Tanyeriydi,
orda, kısık kirpiklerin arasından bizi süzen
soğuk çelik pırıltısı
bize doğru yaklaştıkça yumuşayıp ısınıyor.
Ona bakıp düşünmedim:

Über das Meer

Rauh und wild waren die Berge, die im Westen von uns lagen.
Unser Zug fuhr hinab in die laue, feuchte, flache Ebene.
Zu unserer Rechten fuhr schweißüberströmt ein Lieferwagen.
Die Fahrerin war eine korpulente, braune Frau im grünen Kleid.
Hinten auf den Säcken ein Matrose,
die Bommel seiner Mütze flatterte.
Mit ihren Brücken, Türmen, Schloten und ihrem Rauch
zog links von uns eine silberfarbene Fabrik vorbei,
einem in den Hafen zurückkehrenden Kriegsschiff gleich.

*

Seine Kühle strömte uns zuerst entgegen,
mischte den scharfen Geruch nach Jod
mit dem Duft der Äpfel im Gepäcknetz.
Dann sah ich, wie es sich im Himmel spiegelte,
die Luft wurde Schicht um Schicht blauer.
Dann plötzlich stießen wir geradewegs darauf.
Es war im Hafenbecken,
eingezwängt zwischen Kaimauern und Schiffen.
Ich erinnerte mich an einen Adler, den ich im Zoo beobachtet hatte,
die Flügel gesenkt,
den grollenden Kopf auf seinem Herzen.

*

Der Zug fuhr in den Bahnhof, es verschwand.
Der Zug verließ den Bahnhof, und plötzlich standen wir einander wieder
Es war der Ort, an dem die Sonne aufgeht, [gegenüber:
sein unter zusammengezogenen Wimpern uns musternder
kalter stählerner Glanz
wird weicher und wärmer, je mehr es sich uns näherte.
Bei seinem Anblick dachte ich nicht:

bir uçsuz bucaksız, bir sonsuz kımıldanışta
ömrümüzün köpük gibi parıldayıp söndüğünü.
Vagondan atlamak geldi içimden,
koşmak ona doğru soluk soluğa.

*

İster ayışığında, ister güpegündüz,
ister çarşaf gibi olsun, ister köpük köpük,
kıyıda durup seyretmek onu
kahreder beni.
Duyarım içimde mahzunluğunu
boş bir şeytan minaresinin.
Ben onun gözünün orta yerinde olmalıyım,
balıkçılarla, diyelim, ağın başında.
Yahut, elimde yeke,
                    altında yelkenin,
                        sevgiliyle beraber.
Yahut, fırtınada yanında kaptanın,
yahut, kulaç atmalıyım akıntıya karşı.
Ben Onun gözünün orta yerinde olmalıyım.

*

Engels'i hatırladım.
Ne güzel şey külümüzün okyanusta savrulması.
Ama, ben, çam tahtasından bir tabutta
Anadolu yaylasına gömüleyim istiyorum.
Yaylamıza kiraz vaktı,
ayrı ayrı gemilerden,
konuk gelsin gemiciler.
Söylesinler ayrı ayrı denizlerin
aynı büyük türküsünü.

Moskova-Gagrı, Tibilisi-Moskova tirenlerinde 1954 sonları

daß in einer grenzenlosen, unendlichen Bewegung
unser Leben wie Schaum glänzt und erlischt.
Ich verspürte den Wunsch, aus dem Waggon zu springen
und ihm atemlos entgegenzulaufen.

*

Ob im Mondschein, ob am hellichten Tag,
ob es glatt wie ein Bettuch daliegt oder es schäumt,
am Ufer zu stehen und es zu betrachten,
erdrückt mich.
Ich spüre die Trübsal
einer leeren Hornschnecke.
Ich muß mitten in seinem Auge sein,
zusammen mit den Fischern, sagen wir am Netz.
Oder, die Ruderspinne in der Hand,
unter dem Segel,
zusammen mit der Geliebten.
Oder im Sturm an der Seite des Kapitäns,
oder ich muß anschwimmen gegen die Strömung.
Ich muß mit in seinem Auge sein.

*

Ich dachte an Engels.
Wie schön, daß man unsere Asche in den Ozean streut.
Ich jedoch möchte in einem Sarg aus Kiefernholz
auf der anatolischen Hochebene begraben werden.
Auf unsere Hochebene sollten zur Kirschenzeit
von den verschiedensten Schiffen
die Matrosen als Gast kommen.
Sie sollten von den verschiedensten Meeren
dasselbe große Lied anstimmen.

Im Zug Moskau-Gagra und Tblissi-Moskau, Ende 1954

Şevçenko'nun Kalemi

Kapısından girer girmez
O dakka, o saniye
Gözlerini görür görmez
Birden sevdalandım Kiyef şehrine.

Kat be kattır yamaçları
Gelinlerine benzer ağaçları
Ak topuklarını döğer saçları
Birden sevdalandım Kiyef şehrine.

Yaşı bin iki yüzden artık,
O mu yanıp yıkılmadık?
Yüzünde ne buruşuk, ne kırışık
Birden sevdalandım Kiyef şehrine.

Mavisi İstanbul'uma benzer
Yeşili Bursa'mdan eser
Oturmuş da şiir yazar
Birden sevdalandım Kiyef şehrine.

Kapısından girer girmez
Şevçenko karşıladı beni
gözlerini görür görmez
Eğildim, öptüm elini.

Oturduk aynı sofrada, ekmeğini yedim
Dnepr'in suyunda yüzümü yudum,
Ustam, bahtı karalığı bilirsin dedim
Arzettim memleketimin halini.

Konuştuk şiir üstüne
Yüreğim gibi dedi, yana yana
Şiir düşmeli, dedi, halkın önüne
Verdi bana kalemini.

1956

Schewtschenkos Stift

Kaum daß ich seiner Tür kam nah,
noch in derselben Minute, derselben Sekunde,
kaum daß ich ihm in die Augen sah,
verliebte ich mich in Kiew mit gutem Grunde.

Seine Hänge in Schichten,
seine Bäume den Bräuten glichen,
die auf weiße Fersen die Haare schlagen, die dichten.
Ich verliebte mich in Kiew mit gutem Grunde.

Es ist mehr als tausendzweihundert Jahre alt.
Ist es nicht niedergebrannt, zerstört mit Gewalt?
Doch auf seinem Gesicht keine Runzel, keine Falt'.
Ich verliebte mich in Kiew mit gutem Grunde.

Dem Blau meines Istanbul gleicht sein Blau
von Bursa eine Spur in seinem Grün, seiner grünen Au,
und es sitzt da und schreibt auch Gedichte, schau.
Ich verliebte mich in Kiew mit gutem Grunde.

Kaum daß ich seiner Tür kam nah,
empfing mich Schewtschenko hierzuland'.
Kaum daß ich ihm in die Augen sah,
verbeugte ich mich, küßte ihm die Hand.

Ich aß sein Brot, wir saßen am selben Tisch,
wusch mir im Wasser des Dnepr das Gesicht frisch,
du weißt, Meister, was es heißt, ein Pechvogel zu sein, sagte ich
und erzählte von meiner Heimat Zustand.

Wir sprachen über Lyrik ohne End'.
Wie mein Herz, sagte er, brennend
muß die Lyrik dem Volk voranschreiten, behend,
und dann seinen Stift er mir reichte.

1956

Pırağ'da Vakitler

I

Şafak

Barok

Pırağ'da bir yandan ağarıyor ortalık
bir yandan da kar yağıyor
                                        sulusepken
                                              kurşuni
Pırağ'da ağır ağır aydınlanıyor barok:
                                                    huzursuz, uzak
                                        ve yaldızlarında kararmış keder.
Ölen bir yıldızdan uçup gelen kuşlara benziyor
                        Dördüncü Şarl Köprüsü'nde heykeller.
Pırağ'da ilk tıramvay çıktı deposundan,
camları aydınlık, sarı, sıcak.
Ama biliyorum
                        içi buz gibi soğuktur:
İlk yolcunun soluğuyla ısınmadı henüz.
Pırağ'da Pepik sütlü kahvesini içiyor,
beyaz mutfakta tahta masa tertemiz.
Pırağ'da bir yandan ağarıyor ortalık
bir yandan da kar yağıyor
                                        sulusepkenl
                                              kurşuni.

*

Pırağ'da bir araba geçiyor
                                        tek atlı bir yük arabası
                                        Yahudi mezarlığının önünden.
Bir başka şehrin hasretiyle yüklü araba,

Die Zeiten in Prag

I

Die Morgendämmerung

Barock

Es dämmert der Tag in Prag,
zugleich fällt,
grau,
ein Schneeregen.
Ganz allmählich erglimmt in Prag das Barock:
unruhig, fern
und die geschwärzte Trauer auf seinem Blattgold.
Vögeln, von einem erloschenen Stern herbeigeflogenen Vögeln
gleichen die Statuen auf der Karlův most.
Die erste Straßenbahn in Prag verließ das Depot,
ihre Fenster sind hell, gelb und warm.
Doch ich weiß,
innen ist es eiskalt:
noch nicht erwärmt vom Atem des ersten Fahrgasts.
Pepik trinkt in Prag seinen Milchkaffee,
der Holztisch in der weißen Küche ist blitzblank.
Es dämmert der Tag in Prag,
zugleich fällt,
grau,
ein Schneeregen.

*

In Prag fährt ein Wagen,
ein einspänniges Fuhrwerk
am Jüdischen Friedhof vorbei.
Der Wagen ist mit der Sehnsucht beladen nach einer anderen Stadt,

arabacı ben.
Pırağ'da ağır ağır aydınlanıyor barok:
huzursuz, uzak
ve yaldızlarda kararmış keder.
Pırağ'da Yahudi mezarlığında sessiz soluksuz ölüm.
Ah gülüm, ah gülüm,
muhacirlik ölümden beter...

Yesenik, 20 Aralık 1956

der Fuhrmann bin ich.
Ganz allmählich erglimmt in Prag das Barock:
unruhig, fern
und die geschwärzte Trauer auf seinem Blattgold.
Auf dem Jüdischen Friedhof in Prag ist der Tod lautlos und stumm.
O meine Rose, o meine Rose,
das Dasein als Emigrant ist schlimmer als der Tod.

Jeseník, den 20. Dezember 1956

II

Sabah

İyimser Pırağ

957, 17 Ocak.
Saat elifi elifine dokuz...
Ayaz, güneşli, yalansız,
ayaz toz pembe,
havayi mavi ayaz.
Neredeyse donacak kırmızı bıyıklarım.
Kesme cam bir bardağa işlenmiş Pırağ şehri,
                    işlenmiş elmastıraşla,
dokunsam ses verecek:
                altın çizgili, berrak, beyaz.
Saat elifi elifine dokuz,
            bütün kulelerdeki
                    ve kol saatim.
Ayaz güneşli ve toz pembe
havayi mavi ayaz.
Saat elifi elifine dokuz.
Bu dakka, bu saniye
            tek bir yalan söylenmesi Pırağ'da.
Bu dakka, bu saniye
            kadınlar ağrısız doğurdu
ve hiç bir sokaktan
                geçmedi cenaze arabası.
Bu dakka, bu saniye
            yükseldi bütün grafikler,
                hastalarınki bir yana.
Bu dakka, bu saniye
        bütün kadınlar güzeldi, bütün erkekler akıllı
            ve bütün mankenler kedersiz.
Bu dakka, bu saniye
            okullarda karşılık verdi çocuklar

II

Morgen

Das optimistische Prag

1957, 17. Januar.
Es ist Schlag neun ...
Die Kälte ist sonnig und ohne Falsch,
die Kälte ist hellrosa,
himmelblau ist die Kälte.
Beinahe gefriert mein roter Schnurrbart.
Auf einem Kristallglas ist die Stadt Prag eingraviert,
mit einem Diamantenschleifer,
berührte ich es, würde es sagen:
mit goldenen Linien, glasklar, weiß.
Es ist Schlag neun ...
auf allen Türmen
und auf meiner Armbanduhr.
Die Kälte ist sonnig und hellrosa,
himmelblau ist die Kälte.
Es ist Schlag neun ...
In dieser Minute, dieser Sekunde
wurde noch kein einziges Mal gelogen in Prag.
In dieser Minute, dieser Sekunde
gebärten die Frauen ohne Schmerz,
und durch keine Straße
fuhr der Leichenwagen.
In dieser Minute, dieser Sekunde
stiegen alle Grafiken,
ausgenommen die der Kranken.
In dieser Minute, dieser Sekunde
waren alle Frauen schön, alle Männer klug
und die Mannequins ohne Trauer.
In dieser Minute, dieser Sekunde
beantworteten die Kinder in den Schulen

bütün sorulara kekelemeden.
Bu dakka, bu saniye
bütün sobalarda kömür,
bütün kaloriferler sıcak
ve Kara Kule'nin damı
yine altın kaplama.
Bu dakka, bu saniye
körler karanlıklarını unuttu,
kamburlar kamburlarını.
Bu dakka, bu saniye
hiç kimse bana düşman değil
ve hiç kimse geçirmiyor aklından
geçilmiş kıyılar geri gelebilir diye.
Bu dakka, bu saniye
Vatslav indi tunç atından
karıştı kalabalığa
kim olduğu belirsiz.
Bu dakka, bu saniye
sen beni seviyordun canım,
hiç kimseyi hiçbir zaman sevmediğin gibi...
Bu dakka, bu saniye
ayaz güneşli, yalansız,
ayaz toz pembe,
havayi mavi ayaz.
Kesme cam bir bardağa işlenmiş Pırağ şehri,
işlenmiş elmastıraşla.
Dokunsam ses verecek:
altın çizgili, berrak, beyaz...

19 Ocak 1957

alle Fragen, ohne zu stottern.
In dieser Minute, in dieser Sekunde
war in allen Öfen Kohle,
waren alle Heizungen warm
und das Dach des Černá Věž
war wieder mit Blattgold überzogen.
In dieser Minute, dieser Sekunde
vergaßen die Blinden ihre Finsternis,
die Buckligen ihren Buckel.
In dieser Minute, dieser Sekunde
ist mir niemand feindlich gesonnen,
und niemand kommt es in den Sinn,
daß die vorübergezogenen Ufer zurückkommen könnten.
In dieser Minute, dieser Sekunde
stieg Václav von seinem Bronzepferd
und mischte sich, unerkannt,
unter die Menge.
In dieser Minute, dieser Sekunde
hast du mich geliebt, meine Liebe,
wie du niemanden zu irgendeiner Zeit geliebt hast...
In dieser Minute, dieser Sekunde
ist die Kälte sonnig und ohne Falsch,
ist die Kälte hellrosa,
himmelblau ist die Kälte.
Auf einem Kristallglas ist die Stadt Prag eingraviert,
mit einem Diamantenschleifer.
Berührte ich es, würde es sagen:
mit goldenen Linien, glasklar, weiß.

19. Januar 1957

III

Öğle

Hanuş Ustanın Saati

Kar, önce tepede dindi,
Pırağ Şatosu'nun orda.
Sonra, birdenbire, berrak,
nazlı, serin bir mavilik
kestaneliklere indi.
Yumuşacık parlıyor da.

Şair, memleketten uzak,
hasretlerle delik deşik,
Eski Kent'te duruyordu
meydanlıkta, yapayalnız.
Gotik bir duvar üstünde
Hanuş ustanın saati
on ikiyi vuruyordu.
Harmanilerinde yaldız
ve en aziz Piyer önde.
Saatin içinden çıktı
yorgun on iki havari
ve kesesiyle de Yahuda
ve inanç ve şer ve zulüm.
»Ve geldik ve gidiyoruz.«
Ve taştan bir yeniçeri
melûl mahzun aşağıda.
Ve çanları çalan ölüm
ve yukarda öttü horoz.

III

Der Mittag

Meister Hanuš' Glockenspiel

Erst ließ der Schnee auf der Anhöhe
dort bei der Prager Burg nach.
Dann legte sich mit einem Mal ein klares,
zartes, kühles Blau
auf die Kastanienbäume herab.
Ein matter Glanz.

Der Dichter, fern der Heimat,
stand, von Sehnsucht durchbohrt,
in der Altstadt
auf dem Platz, mutterseelenallein.
An einer gotischen Fassade
schlug Meister Hanuš' Glockenspiel
die zwölfte Stunde.
Ihre Kutten golddurchwirkt
und allen voran der allerheiligste Petrus,
traten aus der Uhr
zwölf müde Apostel hervor,
und auch Judas mit seinem Beutel,
dann der Glaube und das Übel und die Niedertracht.
»Und wir kamen und gehen«.
Und darunter ein Janitschar aus Stein,
hoffnungslos und bedrückt.
Und der Glöckner ist der Tod,
und drüber krähte der Hahn.

Şair, memleketten uzak,
hasretle delik deşik,
etrafına dalgın baktı.
Geldi indi salınarak
nazlı serin bir mavilik
meydanlığa öğle vakti.

Yesenik, 29 Aralık 1956

Der Dichter, fern der Heimat,
sah sich von Sehnsucht durchbohrt,
gedankenverloren um.
Ein zartes, kühles Blau
kam und schwebte
um die Mittagszeit auf den Platz herab.

Jeseník, den 29. Dezember 1956

IV

Akşam

Vatslav Caddesinin Vitrinleri

Külâhlı kuleler, Pırağ şehrinde,
kararınca akşamın üzerinde,
düşle giren dünyalar aydınlanır
Vatslav caddesinin vitrinlerinde.

Kumaş, deri, kesme billûr ve çelik,
sevinç, keder, türkü, yaşlılık, gençlik,
oburluk, küp gibi, dibi de delik
Vatslav caddesinin vitrinlerinde.

Cimriliğimizle cömertliğimiz,
yumuşaklığımızla sertliğimiz,
düzenbazlığımızla mertliğimiz
Vatslav caddesinin vitrinlerinde.

Sabrımızın ağır demir çarığı,
kibrimizin yedi tuğlu sarığı,
bir dilim ekmeğimizin katığı,
Vatslav caddesinin vitrinlerinde.

Kendi kendimize hayranlığımız,
hasedimiz, arkadaş canlılığımız,
tepeden tırnağa insanlığımız
Vatslav caddesinin vitrinlerinde.

IV

Abend

Die Schaufenster der Václav-Straße

Wenn die spitzen Türme der Stadt Prag
sich verdunkeln, spät am Tag,
werden die Welten hell, die unseren Traum bevölkern,
in den Schaufenstern der Václav-Straße in Prag.

Stoff, Kristall, Stahl und Leder,
Freude, Trübsal, Leid, Alter, Jugend und mehr.
Gefräßigkeit wie ein Faß ohne Boden, dick und schwer
sind alle in den Schaufenstern der Václav-Straße.

Unser Geiz, unsere Freigebigkeit,
unser weiches, unser hartes Herz Seit an Seit,
unsere Schurkerei, unsere Kühnheit
sind alle in den Schaufenstern der Václav-Straße.

Der schwere Eisenschuh unserer Geduld sodann,
mit seinen sieben Roßschweifen unsres Hochmuts Turban,
der Belag auf der Brotscheibe von jedermann
sind alle in den Schaufenstern der Václav-Straße.

Unsre Selbstgefälligkeit,
die Kameradschaftlichkeit, unser Neid,
von Kopf bis Fuß unsre Menschlichkeit
sind alle in den Schaufenstern der Václav-Straße.

Külahlı kuleler Pırağ şehrinde,
ağarınca akşamın üzerinde,
düşe giren dünyalar aydınlanır
Vatslav caddesinin vitrinlerinde.

Önündeyim bir vitrinin
bütün bir dünya oyuncak,
kurtlar, ayılar, şipşirin,
düşüp öldürmeyen uçak,
sarı bacalı vapurlar,
otobüsler pırıl pırıl.

İstanbul'da bir Memet var,
altısına bastı bu yıl.

Pırağ, 31 Kasım 1956

Wenn die spitzen Türme der Stadt Prag
sich verdunkeln spät am Tag,
werden die Welten hell, die unsren Traum bevölkern,
in den Schaufenstern der Václav-Straße in Prag.

Vor einem der Schaufenster stehe ich,
aus Spielzeug eine ganze Welt.
Wölfe, Bären, sehr niedlich,
ein Flugzeug, das nicht tötet, wenn es fällt,
Dampfer mit gelben Schloten allbeliebt,
Busse in vollem Glanz und wohlgestalt.

In Istanbul einen Memet es gibt,
er wurde nun sechs Jahre alt.

Prag, den 31. November 1956

V

Gece

Doktor Faust'un Evi

Gecenin bir geç vaktında,
kulelerin dibinde, kemerlerin altında,
                    dolaşıp durdum Pırağ'ı.
Gökyüzü karanlıkta altın çeken bir imbik,
bir simyager imbiği, alevi mavi mavi.
Şarl Meydanı'na doğru indim yokuş aşağı,
orda, köşe başında, kliniğe bitişik,
                    bahçe içinde doktor Faust'un evi.

Kapıyı çaldım.
Doktor evde yok.
Malum:
İki yüz yıl kadar önce,
                tavandaki delikten,
yine böyle bir gece,
                çekip aldı onu şeytan.

Kapıyı çalıyorum.
Bu evde ben de senet vereceğim şeytana,
ben de kanımla imzaladım senedi.
Ne altın istiyorum ondan,
                    ne bilim, ne de gençlik.
Hasretlik cana yetti,
                    pes!
Beni İstanbul'uma götürsün bir saatlik . . .

V

Die Nacht

Das Haus des Doktor Faustus

Nachts zu später Stunde
durchstreifte ich Prag
unter den Türmen, den Arkaden.
Das Himmelsgewölbe nachts ist ein Apparat, der Gold destilliert,
der Destillierer eines Alchimisten, ganz blau seine Flamme.
Mitten auf den Karlsplatz zu lief ich bergab,
dort an der Ecke neben der Klinik
steht in einem Garten das Haus des Doktor Faustus.

Ich klopfte an die Tür.
Der Doktor war nicht da.
Es ist ja bekannt:
Vor etwa zweihundert Jahren
zog ihn durch das Loch an der Decke,
auch in einer solchen Nacht wie dieser,
der Teufel hoch.

Ich klopfe an die Tür.
In diesem Haus werde auch ich einen Pakt schließen mit dem Teufel,
auch ich habe ihn mit meinem Blut unterschrieben.
Weder Gold möchte ich von ihm
noch Weisheit noch die Jugend.
Von der Sehnsucht habe ich genug,
sattsam genug!
Er soll mich in mein Istanbul bringen für eine Stunde...

Çalıyorum kapıyı, çalıyorum.
Kapı açılmıyor, açılmıyor.
Neden?
İstediğim olmaz iş mi Mefistofeles?
Yoksa bu lime lime ruhum
satın alınmağa değmez mi?

Pırağ'da ay doğuyor limon sarısı.
Doktor Faust'un evi önünde duruyorum,
çalıyorum açılmaz kapıyı gece yarısı . . .

Yesenik, 22 Kasım 1956

Ich klopfe an die Tür, klopfe an.
Die Tür öffnet sich nicht, geht nicht auf.
Warum?
Ist das, was ich will, zuviel verlangt, Mephistopheles?
Oder ist meine zerrissene Seele es nicht wert,
daß man sie kauft?

In Prag geht, zitronengelb, der Mond auf.
Ich stehe vor dem Haus des Doktor Faustus
und klopfe um Mitternacht an die sich nicht öffnende Tür...

Jeseník, den 22. November 1956

Pırağ Dedikleri

Pırağ dedikleri bir gümüş ayna.
Bir bakarım
yirmi yaşlarımda gösterir beni bana.
Sıçrayış gibiyim,
çürüksüz otuz iki diş gibiyim
                ve dünya bir ceviz.
Ama kendim için hiçbir şey istediğim yok,
yalnız sevdiğim kız dokunsun parmaklarıma
        parmaklarında dünyanın en büyük sırrı.
Ekmeği dostlara çok,
            kendime az böler ellerim.
Tırahomlu bütün gözleri öperim
                Anadolu köylerinde.
Şehit düşerim dünyanın bir yerinde
                dünya inkılâbı için.
Yüreğimi geçirirler
            kadife bir yastığın üzerinde
                Kızılbayrak nişanı gibi.
Bandolar matem marşı çalar.
Ölülerimizi bir duvarın dibine gömeriz
                    toprağın içine
                    bereketli tohumlar gibi.
Ve toprağın üstünde türkülerimiz
        ne Türkçe, ne Rusça, ne İngilizce
            türkücedir.
Karlı bir ormanda hasta yatar Lenin,
çatılır kaşları: birilerini düşünür,
bakar beyaz karanlığa
            görür gelecek günleri.
Sıçrayış gibiyim.
Çürüksüz otuz iki diş gibiyim
        ve dünya bir ceviz
            demir kabuklu

Was man Prag nennt

Was man Prag nennt, ist ein silberner Spiegel.
Sehe ich einmal hinein,
so zeigt er mich in meinen Zwanzigern.
Wie ein Sprung,
wie zweiunddreißig unverfaulte Zähne bin ich,
                    und die Welt eine Walnuß.
Aber für mich selbst will ich nichts,
nur das Mädchen, das ich liebe, soll meine Finger berühren,
        in ihren Fingern das größte Geheimnis der Welt.
Vom Brot brechen meine Hände viel für die Freunde,
                wenig für mich.
Alle die von der Körnerkrankheit befallenen Augen
                    in den Dörfern Anatoliens küsse ich.
An irgendeinem Ort der Welt falle ich
                    für die Weltrevolution.
An meinem Herzen
                auf einem Samtkissen
                    defilieren sie vorbei wie am Orden der Roten Fahne.
Die Kapelle spielt den Todesmarsch.
Unsere Toten bestatten wir vor einer Mauer,
                        in der Erde,
                        wie fruchtbare Samen.
Und über der Erde sind unsere Lieder,
        nicht türkisch, nicht russisch, auch nicht englisch,
                nur als Weisen.
In einem verschneiten Wald liegt Lenin, krank,
zieht die Augenbrauen zusammen: er denkt an einige,
sieht in das weiße Dunkel
                und erkennt die kommenden Tage.
Wie ein Sprung bin ich.
Wie zweiunddreißig unverfaulte Zähne,
        und die Welt eine Walnuß
                mit eiserner Schale,

bana müjdelerle dolu.

Pırağ dedikleri bir gümüş ayna.
Bir bakarım
ölüm döşeğimde gösterir beni bana.
Alnımda mum damlamış gibi ter taneleri,
kollarım uzanmış iki yana.
Duvar kâatları yeşil.
Büyük bir şehrin kömürlü damları pencerede,
bu damlar İstanbul damları değil,
Gözlerim açık,
kapamamışlar henüz,
henüz kimse bilmiyor.
Eğil,
gözbebeklerimin içine bak:
Genç bir kadın göreceksin,
yağmurlu bir tıramvay durağında bekliyor bir başına.
Kapa gözlerimi,
        çık odadan yoldaşım,
            ayaklarının ucuna basarak.

1957

doch voll froher Botschaften.

Was man Prag nennt, ist ein silberner Spiegel.
Sehe ich einmal hinein,
so zeigt er mich auf dem Sterbebett.
Auf meiner Stirn Schweißperlen wie von tropfenden Kerzen,
meine Arme beide länger geworden.
Die Tapeten grün.
Die rußigen Dächer einer Großstadt sind im Fenster,
es sind nicht die Dächer Istanbuls.
Meine Augen stehen offen,
man hat sie noch nicht zugedrückt,
noch weiß es niemand.
Beug' dich herab,
und sieh mir in die Pupillen:
Eine junge Frau wirst du erblicken,
an einer verregneten Straßenbahnhaltestelle wartet sie, ganz allein.
Drück' mir die Augen zu,
und geh' aus dem Zimmer, mein Genosse,
ganz leise, auf Zehenspitzen.

1957

Samet Vurgun'a

Nihayet şehrine gelebildim,
ama geç kaldım Samet,
görüşemedik,
bir ölüm boyu geç kaldım.
Teypteki sesini
dinlemek istemedim Samet,
ölülerin, büsbütün ölmeden,
                    resimlerine de bakamam.

Ama gün gelecek,
seni de senden büsbütün ayıracağım Samet.
Saygılı hatıralar dünyasına gireceksin.
Kabrine çiçek de koyabileceğim
                        gözüm yaşarmadan.

Sonra gün gelecek
            senin başından geçen iş
            benim de başımdan geçecek, Samet.

Bakû, 25 Şubat 1957

An Samet Vurgun

Endlich bin ich in deiner Stadt angekommen,
habe mich jedoch verspätet, Samet,
wir konnten uns nicht sehen,
ich kam einen Tod zu spät.
Deine Stimme auf dem Tonband
wollte ich nicht hören, Samet,
ehe sie nicht ganz tot sind,
kann ich auch die Photos der Toten nicht ansehen.

Doch der Tag wird kommen,
an dem ich dich ganz von dir abtrenne, Samet.
Du wirst eintreten in die Welt der achtungsvollen Erinnerungen.
Und auf dein Grab werde ich Blumen legen,
ohne daß mir dabei die Tränen in die Augen steigen.

Dann wird der Tag kommen,
an dem auch ich das erlebe,
was du erlebt hast, Samet.

Baku, den 25. Februar 1957

I

Sofya'dan

Sofya'ya bir bahar günü girdim, şekerim.
Ihlamur kokuyor doğduğun şehir.

Dünyayı sensiz dolaşıyorum,
böyleymiş kaderim,
elden ne gelir...

Sofya'da ağaç duvardan önce, duvardan güzel.
Sofya'da ağaçla insan karışmış birbirine,
hele kavak,
nerdeyse odaya girip
kırmızı kilime oturacak...

Sofya şehri, büyük mü?
Şehirler, gülüm, caddeleriyle değil,
anıtını diktiği şairleriyle büyük oluyor,
Sofya büyük bir şehir...

Burda akşam deyince dökülüyor sokağa millet,
çoluğu çocuğu, genci ihtiyarı,
bir gülüşme, bir uğultu, bir gürültü, bir kıyamet,
bir aşağı, bir yukarı,
yan yana, kol kola, el ele...
İstanbul'da da Şehzadebaşı'nda ramazan geceleri
– Sen o devre yetişmedin Münevver –
piyasa edilirdi tıpkı böyle.
Yok... Geçti o geceler...
Şimdi İstanbul'da olsam
aklıma mı gelirdi onları aramak?
Ama İstanbul'dan uzak
her şeyini arıyorum.
Üsküdar Cezaevi'nin görüşme yerini bile...

I

Aus Sofia

Sofia betrat ich an einem Frühlingstag, meine Süße.
Deine Geburtsstadt roch nach Lindenblüten.

Die Welt bereise ich ohne dich,
das ist mein Schicksal,
was kann man dagegen tun...

In Sofia kommt der Baum vor der Mauer, ist schöner als sie.
In Sofia sind Baum und Mensch ineinander übergegangen,
                    besonders die Pappel,
                    beinahe tritt sie in das Zimmer
                    und läßt sich auf dem roten Kilim nieder...

Ist Sofia eine große Stadt?
Städte werden nicht durch ihre Straßen groß, meine Rose,
sondern durch ihre Dichter, denen man Denkmäler setzt,
                    Sofia ist eine große Stadt...

Hier strömt allabendlich das Volk auf die Straße,
Kind und Kegel, jung und alt,
ein Gelächter, Rauschen, ein Lärm und Geschrei
                    auf und ab, auf und ab,
          Seit' an Seite, Arm in Arm, Hand in Hand...
Auch in Istanbul Şehzadebaşı promenierte man im Ramadan an den
– du hast jene Zeit nicht erlebt, Münevver –   [Abenden
                genauso auf und ab.
Vorbei... Sie sind vorbei, jene Nächte...
Wäre ich jetzt in Istanbul,
          käme es mir in den Sinn, nach ihnen zu suchen?
Aber fern von Istanbul
          suche ich nach allem, was es hat.
Selbst den Besucherraum im Gefängnis in Üsküdar...

Sofya'ya bir bahar günü girdim, şekerim.
Ihlamur kokuyor doğduğun şehir.
Bilmediğin gibi ağırladı beni hemşerilerin.
Doğduğun şehir kardeş evim bugün.
Ama kendi evin kardeş evinde bile unutulmuyor.

Şu gurbetlik zor zanaat zor...

Varna, 24 Mayıs 1957

Sofia betrat ich an einem Frühlingstag, meine Süße.
Deine Geburtsstadt roch nach Lindenblüten.
Deine Landsleute nahmen mich so ehrenvoll auf, wie du es dir gar nicht
Deine Geburtsstadt ist heute mein Bruderhaus. [vorstellen kannst.
Doch vergißt man sein eigenes Haus selbst dort nicht.

In der Fremde zu sein, ist schwierig, ein schwieriges Handwerk...

Varna, den 24. Mai 1957

II

Münevver'den Mektup Aldım, Diyor ki

Anlat bana doğduğum şehri, Nâzım.
Sofya'dan pek küçükken çıkmışım
ama Bulgarca bilirmişim...

Sofya nasıl şehir?
Dinlerdim anamdan,
Sofya ufacıkmış,
büyümüştür,
düşün,
        kırk bir sene geçmiş.
Bir »Park Boris« varmış o zaman.
Dadım sabahları götürürmüş beni.
Sofya'nın en büyük parkı olacak.
Orda resimlerim çekilmiş, durur.
Bol güneşli, bol gölgeli bir park.
Git, orda otur.
Belki rastlarsın önünde oynadığım sıraya.
Ama sıralar kırk yıl dayanmaz ya,
onlar da çürüyüp değiştirilmiştir.
En iyisi ağaçlar,
ağaçlar anılardan uzun yaşar...
Git orda en yaşlı kestanenin altında otur bir gün.
Her şeyi unut,
ayrılığımızı bile,
sade beni düşün...

1957

II

Ich erhielt einen Brief von Münevver, sie schreibt:

Erzähl' mir von meiner Geburtsstadt, Nâzım.
Ich verließ Sofia schon in sehr jungen Jahren,
soll aber schon Bulgarisch gesprochen haben...

Was für eine Stadt ist Sofia?
Von meiner Mutter hörte ich,
Sofia sei sehr klein,
doch es muß eine Großstadt geworden sein,
denk' nur mal,
        einundvierzig Jahre sind seither verstrichen.
Einen »Boris-Park« muß es damals gegeben haben.
Mein Kindermädchen brachte mich morgens hin.
Es dürfte Sofias größter Park gewesen sein.
Dort hat man Photos von mir gemacht, die ich noch habe.
Ein sehr sonniger und sehr schattiger Park.
Geh'einmal hin und setz' dich dort nieder.
Vielleicht triffst du auf die Bank, vor der ich einst spielte.
Aber Bänke können wohl nicht vierzig Jahre überdauern,
sie müssen morsch und durch neue ersetzt worden sein.
Am besten sind die Bäume,
sie leben länger als Erinnerungen...
Geh' hin eines Tages und setz' dich unter den ältesten der Kastanienbäume.
Vergiß alles,
sogar unsere Trennung,
und denk' nur an mich...

1957

III

Münevver'e Mektup Yazdım, Dedim ki:

Ağaçlar duruyor, eski sıralar ölmüş.
»Park Boris«, »Hürriyet Parkı« olmuş.
Sade seni düşündüm kestanenin altında,
sade seni, yâni Memed'i
sade seninle Memed'i, yâni memleketi...

Varna, 2 Haziran 1957

III

Ich schrieb einen Brief an Münevver mit folgendem Inhalt:

Die Bäume stehen noch, die alten Bänke jedoch sind zerfallen.
Aus dem »Boris-Park« wurde der »Park der Freiheit«.
Nur an dich dachte ich unter dem Kastanienbaum,
nur an dich, also an Memet,
nur an dich und Memet, also an die Heimat . . .

Varna, den 2. Juni 1957

Vapur

Yürek değil be, çarıkmış bu, manda gönünden,
teper ha babam teper
                    paralanmaz
                        teper taşlı yolları.
Bir vapur geçer Varna önünden,
uy Karadeniz'in gümüş telleri,
bir vapur geçer Boğaz'a doğru.
Nâzım usulcacık okşar vapuru,
                    yanar elleri...

Varna, 27 Mayıs 1957

Das Schiff

Das ist doch kein Herz, sondern ein Çarık aus Büffelleder,
geht über steinige Wege,
geht immerzu,
zerfällt nicht in Fetzen.
Ein Schiff fährt an Varna vorbei,
ach, ihr Silbersaiten der Schwarzmeerküste,
ein Schiff fährt vorbei, dem Bosporus entgegen.
Sacht streichelt Nâzım das Schiff,
seine Hände brennen . . .

Varna, 27. Mai 1957

Memet

Karşı yaka memleket,
sesleniyorum Varna'dan,
                        işitiyor musun,
                            Memet, Memet.

Karadeniz akıyor durmadan,
deli hasret deli hasret,
oğlum sana sesleniyorum, işitiyor musun,
                                Memet!.. Memet!

Varna, 29 Mayıs 1957

Memet

Drüben am Ufer ist die Heimat,
aus Varna rufe ich dir zu,
hörst du mich,
Memet, Memet.

Das Schwarze Meer fließt und fließt,
o verrückte Sehnsucht, verrückte Sehnsucht,
mein Sohn, ich rufe dir zu, hörst du mich,
Memet!.. Memet!

Varna, den 29. Mai 1957

Bor Oteli

Şu Varna'da uyumanın yolu yok geceleri,
uyumanın yolu yok:
yıldızların bolluğundan,
yakınlığından, parlaklığından,
kumlukta hışırtısından ölü dalgaların,
sedefleriyle,
çakıllarıyla,
tuzlu yosunlarıyla hışırtısı;
denizde bir yürek gibi atan motor sesinden,
İstanbul'dan çıkıp
                    Boğaz'ı geçip
                    odamı dolduran anıların yüzünden
kimisinin gözü yeşil,
kimisinin bilekleri kelepçeli,
kimisinin bir mendil var elinde,
lâvanta çiçeği kokuyor mendil.

Şu Varna'da uyumanın yolu yok, gülüm,
şu Varna'da Bor Oteli'nde.

Varna, 2 Haziran 1957

Das Hotel Bor

In diesem Varna nachts einzuschlafen, ist unmöglich,
unmöglich, Schlaf zu finden:
wegen der Fülle der Sterne,
ihrer Nähe, ihres Glanzes,
wegen des Rauschens der toten Wellen am sandigen Strand
mit ihrem Perlmutt,
ihren Kieseln,
ihren salzigen Algen:
wegen des knatternden Motorboots auf dem Meer, wie ein Herz pochend,
der Erinnerungen wegen, die von Istanbul aus
                    den Bosporus überquerten
                    und mein Zimmer erfüllten,
manche grünäugig,
manche mit Schellen am Handgelenk,
manche mit einem Taschentuch in der Hand,
das nach Lavendel duftet.

In diesem Varna einzuschlafen, ist unmöglich, meine Rose,
in diesem Varna, im Bor Hotel.

Varna, den 2. Juni 1957

Balkon

Kurort-Varna'da, Balkan-Turist'te balkondan bakıyorum:
Yol, ağaçlar,
                ağaçlıktan sonra kum,
ötesi, gökle deniz olacak,
yok,
        ne gök, ne deniz,
kumun ötesi yalın ışık,
                        ışık uçsuz bucaksız...
Havada bir de gül kokusu var,
yanıyor insanın genzi.
Gülleri görmüyorum,
ama belli kokularından
hepsi koskocaman
                hepsi kıpkırmızı...
Lehli turistler pilâja iniyor,
sarışın, pembe, çıplak...

Tepemde bir kırlangıç dönüyor,
kanatları kara, göğsü ak.
Arıya benzer yeri yok, ama
yine de benziyor arıya.
Bir kaybolup bir görünüyor,
iniyor, çıkıyor cıvıldıyarak
                        kendi cıvıltısıyla sarhoş...
Mavi çanakta cacık.
Peynirli pide getirdiler,
– İstanbul'dayım sanki –
susamlı, sıcak sıcak, yumuşacık...

Der Balkon

Im Kurort Varna blicke ich vom Balkon des Balkan-Tourist hinab:
Die Straße, Bäume,
hinter den Bäumen Sand
dahinter müssen Himmel und Meer sein,
doch nein,
kein Himmel, kein Meer,
jenseits des Sandes ist blankes Licht,
ein unendliches Licht...
In der Luft liegt auch ein Duft nach Rosen,
beißt in der Nase.
Die Rosen sehe ich nicht,
man riecht sie jedoch,
alle riesiggroß,
alle tiefrot...
Die polnischen Touristen gehen zum Strand,
blond, rosafarben, nackt...

Über mir kreist eine Schwalbe,
schwarze Flügel, weiße Brust.
Nichts an ihr erinnert an eine Biene,
und doch ähnelt sie ihr.
Einmal entschwindet sie, kommt dann wieder näher,
stürzt sich herab und schießt zwitschernd hoch,
vom eigenen Zwitschern berauscht...
In der blauen Schale ist Cacık.
Man brachte Fladenbrot mit Käsefüllung
– als wäre ich in Istanbul –
Sesam darauf, ganz warm, ganz weich...

Varna'da bu yaz günü,
çok hasta, çok muhacir şair için bile,
bütün büyük lâflardan uzak
bir bahtiyarlık – yaşamak...

Varna, 3 Haziran 1957

In Varna an diesem Sommertag
zu leben, ist selbst für einen sehr kranken Emigranten, einen Dichter,
weit entfernt von all den großen Worten,
ein Glück...

Varna, den 3. Juni 1957

Dikili Taşlar

Düştük Varna'dan, bre dilber aman, Sofya yoluna.
Yol boyu ceviz.
Kokusu kına, kokusu yeşil.
Yol ceviz değil, bre dilber aman, biz cevizdeyiz.
Yolda rastladık Ölen Kayalar Mezarlığı'na.
Vardık yanına.
Yüce Mezarlık.
Taşlar, dağılmış cesettir, yatar,
taşlar, dikilmiş durur ayakta,
        çürür ayakta,
            yüreklerini yel oyar gider.
Bir böyle keder, bre şahin aman, ben bilirim ben.
Bu nasıl kader!
Kımıldamadan toz toprak olmak . . .
Bir acı firak, bir kara duman, bre şahin aman.
Bu nasıl kader!
Bir böyle keder,
        böylesi, gülüm,
            bir bana malûm . . .

Varna, 6 Haziran 1957

Die Monolithen

Von Varna machten wir uns, o du Entzückende, ach, auf den Weg nach Sofia.
Walnußbäume die ganze Straße entlang.
Sie duften nach Henna, nach frischem Grün.
Nicht die Straße besteht aus Walnußbäumen, o du Entzückende, ach, wir
[sind in den Nüssen.
Unterwegs stießen wir auf den Friedhof der Toten Felsen.
Gingen hinein.
Ein ehrfurchtgebietender Friedhof.
Der Leichnam verwest, Steine am Boden,
Steine kerzengerade,
verwittern im Stehen,
ihre Herzen höhlt der Wind aus, eh' er darüber
So eine Trauer, o mein Falke, ach, ich, ich kenne sie wohl. [hinwegweht.
Was für ein Schicksal?
Reglos zu Staub und Erde zerfallen...
Eine bittere Trennung, ein schwarzer Rauch, o mein Falke, ach.
Was für ein Schicksal?
So eine Trauer,
so eine, meine Rose,
kenne nur ich...

Varna, den 6. Juni 1957

Sofra

Şu Varna deli etti beni,
                                        divâne etti.
Domates, yeşil biber, kalkan tavası,
radyoda »Ha uşaklar!« Karadeniz havası,
rakı kadehte aslan sütü, anason,
                                        uy anason kokusu,
ahbapça, kardeşçe konuşulan dilim...
A be islâh be, islâh be hâlim...
Şu Varna deli etti beni
                                        divâne etti...

Varna, 6 Haziran 1957

Die Tafelrunde

Dieses Varna hat mich verrückt,
hat mich wahnsinnig gemacht.
Tomaten, grüner Paprika, gebackener Steinbutt,
im Radio »Ha uşaklar!«, eine Weise vom Schwarzen Meer,
der Rakı im Glas, Löwenmilch, Anis,
hm, Anisgeruch,
meine Sprache, freundschaftlich, brüderlich gesprochen...
Es geht mir gut, geht mir gut...
Dieses Varna hat mich verrückt,
hat mich wahnsinnig gemacht.

Varna, den 6. Juni 1957

Otuz Yıl Sonra

Bu Yoldan otuz yıl önce de geçtim
Dört gün, dört gece tirenle...
Şimdi altmış saatten az,
uçakla sekiz.
Yakında »Tu« lar işleyecek
Moskova-Bakü
iki saat on dakika...

Bu yoldan otuz yıl önce de geçtim,
vagonda şarkılar vardı yine.
Sevgilime sallanan mendil misali,
bayrak gibi önümüzde giden şarkılar.
Vagonda şarkılar var yine,
aynı şarkılar,
gençliğimin şarkıları.

Bu yoldan otuz yıl önce de geçtim.
Vagonda komsomolcu bir kız vardı,
kırmızı başörtülü, meşin ceketli,
ve nasırlı ellerinde kitabı
Mayakovski'nin.
Yine komsomolcu bir kız vagonda,
naylon bluzlu,
ve Kazakistan'da ekin biçmekten dönüyor,
ve nasırlı ellerinde kitabı
Mayakovski'nin.

Bu yoldan otuz yıl önce de geçtim.
Vagonde bağrı yanık gelinler vardı yine.
Erlerini Vırangel asmış,
amma faşist kurşunundan dul kalan gelinler yoktu.

Dreißig Jahre später

Diesen Weg nahm ich schon vor dreißig Jahren.
Vier Tage und vier Nächte mit dem Zug...
Jetzt in weniger als sechzig Stunden,
mit dem Flugzeug in acht.
Bald werden die »Tu« hinfliegen,
Moskau-Baku
in zwei Stunden und zehn Minuten...

Diesen Weg nahm ich schon vor dreißig Jahren,
auch damals ertönten Lieder im Waggon.
Wie ein Taschentuch, mit dem ich meiner Liebsten winke,
wie eine Fahne flatterten die Lieder vor uns her.
Auch jetzt ertönen Lieder im Waggon,
die gleichen Weisen,
die Lieder meiner Jugend.

Diesen Weg nahm ich schon vor dreißig Jahren.
Im Waggon saß eine Komsomolzin
mit rotem Kopftuch, Lederjacke,
in ihren schwieligen Händen ein Buch
von Majakowski.
Auch dieses Mal sitzt eine Komsomolzin im Waggon,
in einer Nylonbluse,
sie kommt von der Ernte in Kasachstan zurück,
in ihren schwieligen Händen ein Buch
von Majakowski.

Diesen Weg nahm ich schon vor dreißig Jahren.
Im Waggon saßen wiederum verzweifelte Bräute.
Ihre Männer hatten Wrangel aufgehängt,
Bräute, welche die Kugeln der Faschisten zu Witwen machten, gab es nicht.

Askerler vardı yine
hâtıralarında kaçan beyaz ordular.
Amma hiçbirinin hâtırasında
                                        yanan Berlin sokakları yoktu...

Bu yoldan otuz yıl önce de geçtim.
Harkov şehri vardı yine,
Amma yerle bir olup
                    on kat daha yükselmiş değildi.
Yine böyleydi Don boyu stepleri.
Gölgesizlik gibi dümdüz,
amma steplerde Harkov traktörleri yoktu.
Rostov limanı vardı yine,
amma Baltığın suları yoktu.
                                        Rostov limanında.
Yine böyle ağır,
yine böyle erimiş kurşun gibiydi
                                                  Hazer,
amma neft kuyularında
                                        suların dibine diktiğimiz
                                        neft ağaçları yoktu.
Sumgayıt denen kıraç bir yer vardı.
                                        Kupkuruydu toprak.
Amma zavotlu, bağlı, bahçeli
                    yüz bin nüfuslu Sumgayıt şehri yoktu.

Azerbaycan şiiri vardı yine,
amma Samed'inkiler yoktu.
Ay vardı yine,
amma tek başınaydı,
küçük kardeşi yoktu.

Auch Soldaten waren wieder dabei,
in ihren Erinnerungen die fliehenden Weißgardisten.
Doch keiner von ihnen hatte Erinnerungen
an die brennenden Straßen Berlins . . .

Diesen Weg nahm ich schon vor dreißig Jahren.
Auch dieses Mal ging es an der Stadt Charkow vorbei,
doch lag sie nicht, noch nicht, in Schutt und Asche,
war noch nicht um das Zehnfache in die Höhe gewachsen.
Den Don säumten auch nun wieder Steppen,
flach und eben wie die Schattenlosigkeit,
aber die Traktoren von Charkow fehlten darauf.
Der Hafen von Rostow war wieder da,
doch floß damals nicht das Wasser des
Baltischen Meeres darin.
Wieder so schwer,
wieder wie geschmolzenes Blei war
das Kaspische Meer,
doch die Erdölbäume, die wir
am Grund des Wassers in die Bohrlöcher pflanzten
waren noch nicht da.
Ein unfruchtbarer Landstrich namens Sumgayıt zog vorüber.
Knochentrocken war die Erde.
Doch die Stadt Sumgayıt mit ihren hunderttausend Einwohnern,
den Fabriken, Weinbergen, Gemüsegärten gab es noch
[nicht.
Die aserbaidschanische Dichtung gab es schon damals,
aber die von Samed noch nicht.
Der Mond war schon da,
aber er war allein,
seinen kleinen Bruder gab es noch nicht.

Bu yoldan otuz yıl önce de geçtim.
Ben vardım, oğlum yoktu.
Belki oğlum da bu yoldan otuz yıl sonra geçecek,
belki ben olmayacağım.
Elbette belki, seksen beş çok mu?
Belki ben olmayacağım,
amma kim bilir neler olacak.
Çok merak ediyorum olacakları.

Bu yoldan otuz yıl önce de geçtim.

Moskova-Bakû yolu 12–13 Ekim 1957

Diesen Weg nahm ich schon vor dreißig Jahren.
Ich war da, aber mein Sohn noch nicht.
Vielleicht wird in dreißig Jahren auch mein Sohn diesen Weg nehmen,
dann wird es mich vielleicht nicht mehr geben.
Natürlich vielleicht, ist fünfundachtzig zuviel?
Vielleicht werde ich nicht mehr sein,
doch, wer weiß, was alles geschieht.
Ich hätte gerne gewußt, was vor uns liegt.

Diesen Weg nahm ich schon vor dreißig Jahren.

Auf der Strecke Moskau-Baku, 12.–13. Oktober 1957

Viçeslav Nezval Üstüne Söylenmiştir

Nisan çimeninde tazecik yeşerdi Pırağ şehri,
lâkin ağaçlarında caddeler kapkara henüz.
        Hava kapalı.
Seçemiyorum,
        çok uzaklara gitmiş
            yelkenlerini açıp
                Pırağ şatosu.
Vıltava suyunda martılar
ekmeğimizi de yemedi bugün.

Çaldı telefon.
Aldım haberi.
Ne çabuk, ne çabuk, ne çabuk,
Slavoçek vardı, Slavoçek yok...

Devam ediyor Nezval.

Pırağ, 7 Nisan 1958

Über Vítězslav Nezval

Auf der Aprilwiese grünte die Stadt Prag in frischem Grün,
doch sind die Straßen in ihren Bäumen noch ganz düster.
        Der Himmel ist bedeckt.
Ich kann sie nicht ausmachen,
        die Prager Burg,
            sie hat sich, ihre Segel hissend,
                zu weit entfernt.
Die Möwen in der Vltava
fraßen heute nicht einmal unser Brot.

Das Telefon läutete.
Ich erhielt die Nachricht.
Wie schnell, schnell, wie schnell,
Slavoček war einmal, Slavoček ist nicht mehr...

Nezval macht weiter.

Prag, den 7. April 1958

Ölü Nezval'le Sohbet

Sen gittikten sonra, hemen
hava soğudu, karladı.
Böyle olunca, ölene
gökyüzü, dereler ağladı.
Ama biliyorsun, bahar
gün açtı on üç Nisanda,
Pırağ gülümseyiverdi,
hattâ orda kabristanda.
Hâlâ biraz dua gibi
ediliyorsa da lafın,
vitrinde günlük güneşlik
kara tüllü fotoğrafın.
Hava belki yine bozar
ve lâkin önümüz Mayıs...
Pırağ'da Mayıs, bilirsin,
yemyeşil, altınsarısı
saldırınca sokaklara
siler kederi genç kızlar
pencere camları gibi.
Ve senden kalan keder de
gölgen gibi kaybolacak
Pırağ kaldırımlarından!
Dünya bu... Doğrusu zaten
hayatı seven, akıllı,
iyi yürekli ölüler,
ne kırk bir günlük yas ister,
ne »Benden sonra Tufan!« der.
Faydalı bir şeyler, bir söz,
bir ağaç, bir gülümseme
bırakarak çekip gider
ve dirilerle bölüşmez
kabrinin karanlığını
ve kendi başına taşır
ağırlığını taşının

Plausch mit dem verstorbenen Nezval

Nachdem du gegangen warst, wurde
es sofort kalt, es schneite.
Es weinten also für den Verstorbenen
das Himmelsrund und die Bäche.
Aber, du weißt dennoch, daß der Frühling
am dreizehnten April anbrach
und Prag sanft lächelte,
sogar dort auf dem Friedhof.
Auch wenn man dich wie ein Gebet
immer noch im Mund führt,
so steht doch im Schaufenster, von der Sonne beschienen,
dein Photo im schwarzen Tüll.
Das Wetter verschlechtert sich vielleicht wieder...
doch vor uns liegt noch der Mai...
In Prag ist der Mai, wie du weißt,
tiefgrün, goldgelb,
wenn sich die jungen Mädchen auf die Straße stürzen,
wischen sie die Trauer weg,
als wischten sie Fenster.
Und auch die Trauer deinetwegen wird
wie dein Schatten
von den Prager Straßen verschwinden!
So ist die Welt... Es ist ohnehin richtig,
daß die weisen, das Leben liebenden,
gutherzigen Toten
keine Trauer von vierzig Tagen wollen
und auch nicht »Nach mir die Sintflut« sagen.
Etwas Nützliches, ein Wort,
einen Baum, ein Lächeln zurücklassend, gehen sie fort
und teilen mit den Lebenden
nicht die Finsternis ihrer Gräber
und tragen allein
die Last ihrer Grabsteine,

ve dirilerden hiç bir şey
istemedikleri için
ölmemiş gibi olurlar...
Biliyorum, sen de, Nezval,
sen de böyle bir ölüsün,
Pırağ'ın iyi yürekli,
dünyayı seven, akıllı
ölülerinden birisin...

Telefondan çağırdılar,
ayrılacağız, ne yazık.
Hoşça kal kardeşim Nezval.
Bizim dünyamızda yine
en tatlı yemiş: aydınlık...

Pırağ, 20 Nisan 1958

und da sie von den Lebenden
nichts verlangen,
ist es, als wären sie nicht gestorben...
Ich weiß, auch du, Nezval,
auch du bist so ein Toter,
einer der gutherzigen,
das Leben liebenden,
weisen Toten Prags...

Man rief mich ans Telefon,
wir müssen uns trennen, wie schade.
Adieu mein Bruder Nezval.
In unserer Welt ist wiederum
die süßeste aller Früchte: die Helligkeit...

Prag, den 20. April 1958

Slavya Kahvesinde Şair Dostum Tavfer'le Yarenlik

Slavya kahvesinde dostum Tavfer'le
Vıltava suyuna karşı oturup
tatlı tatlı yarenliği severim
hele sabahları, hele baharda.

Hele sabahları, hele baharda
konuşurken dalar dalar gideriz,
bir yitirir, bir buluruz birbirimizi.

Hele sabahları, hele baharda
Pırağ şehri yaldızlı bir dumandır
ve kızıl, kocaman bir elma gibi
Nezval geçer taze çıkmış kabrinden
paramparça yüreği de elinde
ve Orhan Veli'yle karşılaşırlar
Urumelihisarı'ndan gelir o
ve telli kavağa benzer Orhan'ım
yüreciği delik deşik onun da.

Biz de aynı loncadanız biliriz, Tavfer
zanaatların en kanlısı şairlik
sırların sırrını öğrenmek için
yüreğini yiyeceksin, yedireceksin.

Pırağ şehri yaldızlı bir dumandır.
Vıltava suyunun köpüklerine
martı kuşlarıyla gelir İstanbul.

Lejyonerler Köprüsü'ne gidelim Tavfer,
martı kuşlarına ekmek verelim.

Pırağ, 26 Nisan 1958

Unterhaltung im Café Slavia mit meinem Freund Tavfer

Im Café Slavia mit meinem Freund Tavfer
gegenüber der Vltava zu sitzen
und behaglich zu plaudern, liebe ich,
besonders morgens, besonders im Frühling.

Besonders morgens, besonders im Frühling
vertiefen wir uns beim Gespräch in Gedanken,
verlieren uns auf einmal und finden uns wieder.

Besonders morgens, besonders im Frühling
ist die Stadt Prag ein mit Goldblatt verzierter Dunst,
und wie ein riesiger, roter Apfel,
frisch aus dem Grab gestiegen, geht Nezval vorbei,
in der Hand sein zerfetztes Herz,
und er begegnet Orhan Veli,
der von Urumelihisarı kommt,
und mein Orhan gleicht der Silberpappel,
auch sein kleines Herz voller Löcher.

Auch wir sind bekanntlich von der gleichen Zunft, Tavfer,
das blutigste aller Handwerke ist es, Dichter zu sein,
um hinter das Geheimnis aller Geheimnisse zu kommen,
mußt du von deinem Herz essen und essen lassen.

Die Stadt Prag ist ein mit Goldblatt verzierter Dunst.
In den Schaum der Vltava
mischt sich Istanbul mit seinen Möwen.

Gehen wir zur Most Barikádníků, Tavfer,
geben wir den Möwen Brot.

Prag, den 26. April 1958

Tünel

Tiren ovaya inmeden
dağlardan gelip geçecek,
tünellere girip çıkacak,
tüneller karanlık, tüneller uzun...
Tünellerde kapatsan da pencereni sıkı sıkıya
tünellerde kurum yağar
karalanır yüzün gözün,
            ellerin hele...
Ama tiren ovaya inmeden
dağlardan gelip geçecek
tünellere girip çıkacak.
Tüneller karanlık, tüneller uzun...
Ya elektrikli tiren?
Nafile...
Yine de karalanıyor yüzün gözün
                        ellerin hele.

Paris-Viyana tiren, 1 Mayıs 1958

Der Tunnel

Bevor der Zug hinab in die Ebene fährt,
wird er die Berge durchqueren,
in Tunnels eintauchen, wieder auftauchen,
die Tunnels sind finster, die Tunnels sind lang . . .
Selbst wenn du darin dein Fenster fest schließt,
rieselt doch Ruß herab,
dein Gesicht, deine Augen werden schwarz,
                vor allem deine Hände . . .
Aber bevor der Zug hinab in die Ebene fährt,
wird er die Berge durchqueren,
in Tunnels eintauchen, wieder auftauchen.
Die Tunnels sind finster, die Tunnels sind lang . . .
Doch der elektrische Zug?
Vergeblich . . .
Dein Gesicht, deine Augen werden doch schwarz,
                vor allem deine Hände.

1. Mai 1958 im Zug Paris-Wien

Zümrüt Yüzük

Mayıs gecesi karşıma çıktı Paris,
açıldı kadife kutu
girdim zümrüt yüzüğe,
bir ebemkuşağı
havayi fişeği
ve baştan aşağı yıldız yıldız.
Bir de demir dövülüyor, gülüm,
bir de demir dövülüyor kıvılcımlarla,
bir de bir genişlik, gülüm,
genişlik genişlik üstüne pırıl pırıl
bir de karanlık kargacık burgacık,
bir de çınarlar
bir de atkestaneleri, gülüm,
yanıyor gümüş şamdanlarda atkestaneleri,
                    yanıyor yeşil yeşil
                    misk gibi de kokarak,
bir de taşlar,
yaşlı duvarcıların avuç içleri gibi taşlar,
                                kırışık ve mübarek,
bir de bir ırmak, gülüm,
kederli,
            yumuşak,
                    dalgın bir ırmak
ve sırma saçlarıyla örtülü
                                çıplak esmer memeleri
                                yatıyor ırmağın dibinde şehrim.
Mayıs gecesi karşıma çıktı Paris,
açıldı kadife kutu
girdim zümrüt yüzüğe.

Paris, 7 Mayıs 1958

Der Smaragdring

In einer Mainacht kam mir Paris entgegen,
die Samtschachtel öffnete sich,
ich trat ein in den Smaragdring,
ein Regenbogen,
ein Feuerwerk,
Sterne, wohin man sah.
Außerdem schmiedet man Eisen, meine Rose,
schmiedet funkensprühendes Eisen,
außerdem eine Weiträumigkeit
ein weiter Raum nach dem anderen in vollem Glanz
außerdem ein Dunkel, ein eigenartiges Dunkel,
außerdem Platanen
außerdem Roßkastanien, meine Rose,
die in den silbernen Leuchtern brennen,
            ganz grün brennen
            und nach Moschus duften,
außerdem Steine,
Steine, die den Handflächen alter Maurer gleichen,
                        runzlig und ehrwürdig,
außerdem ein Fluß, meine Rose,
ein trauriger,
        sanfter,
            ganz in sich versunkener Fluß,
und mit ihren silbernen Haaren
                        die nackten braunen Brüste bedeckend,
                        liegt am Grund des Flusses meine Stadt.
In einer Mainacht kam mir Paris entgegen,
die Samtschachtel öffnete sich,
ich trat ein in den Smaragdring.

Paris, den 7. Mai 1958

Sensiz Paris

Sensiz Paris, gülüm,
            bir havayi fişeği
                bir kuru gürültü
                    kederli bir ırmak.
Yıktı mahvetti beni
            Paris'te durup dinlenmeden, gülüm,
                    seni çağırmak.

Paris, 8 Mayıs 1958

Paris ohne dich

Paris ohne dich, meine Rose,
ein Feuerwerk,
viel Lärm um nichts,
ein trauriger Fluß.
Es bedrückt mich, richtet mich zugrunde,
in Paris, meine Rose,
unablässig nach dir zu rufen.

Paris, den 8. Mai 1958

Henüz Vakit Varken, Gülüm

Henüz vakit varken, gülüm,
Paris yanıp yıkılmadan,
henüz vakit varken, gülüm,
yüreğim dalındayken henüz,
ben bir gece, şu Mayıs gecelerinden biri
                Volter Rıhtımı'nda dayayıp seni duvara
                                öpmeliyim ağzından
sonra dönüp yüzümü Notrdam'a
                        çiçeğini seyretmeliyiz onun,
birden bana sarılmalısın, gülüm,
                        korkudan, hayretten, sevinçten
                ve de sessiz sessiz ağlamalısın,
yıldızlar da çiselemeli
                        incecikten bir yağmurla karışarak.

Henüz vakit varken, gülüm,
Paris yanıp yıkılmadan,
henüz vakit varken, gülüm,
yüreğim dalındayken henüz,
şu Mayıs gecesi rıhtımdan geçmeliyiz
                        söğütlerin altından, gülüm,
                        ıslak salkımsöğütlerin.
Paris'in en güzel bir çift sözünü söylemeliyim sana,
                            en güzel, en yalansız,
sonra de ıslıkla bir şeyler çalarak
                                gebermeliyim bahtiyarlıktan
                                    ve insanlara inanmalıyız.

Yukarda taştan evler,
                            girintisiz, çıkıntısız,
                                birbirine bitişik
ve duvarları ayışığından
ve dimdik pencereleri ayakta uyukluyor
ve karşı yakada Luvr

Solange noch Zeit ist, meine Rose

Solange noch Zeit ist, meine Rose,
ehe Paris abbrennt und einstürzt,
solange noch Zeit ist, meine Rose,
solange mein Herz noch an seinem Zweig hängt,
will ich in einer Nacht, in einer dieser Mainächte,
an eine Mauer am Voltaire-Kai gelehnt,
deinen Mund küssen,
dann kehren wir das Gesicht Notre-Dame zu
und betrachten ihre Blumen,
jäh sollst du mich umarmen, meine Rose,
und lautlos, ganz lautlos weinen
vor Angst, Staunen und Freude,
auch aus den Sternen soll es sanft rieseln
und sich mit einem feinen Regen verbinden.

Solange noch Zeit ist, meine Rose,
ehe Paris abbrennt und einstürzt,
solange noch Zeit ist, meine Rose,
solange mein Herz noch an seinem Zweig hängt,
sollten wir in dieser Mainacht den Kai entlanglaufen
unter den Weiden, meine Rose,
unter den feuchten Trauerweiden.
Ich muß dir ein paar der schönsten Worte aus Paris sagen,
die schönsten, ehrlichsten,
dann will ich, etwas vor mich hinpfeifend,
vor Glück sterben,
und wir müssen an die Menschen glauben.

Über uns Steinhäuser,
ohne Nischen, ohne Erker,
dicht aneinandergedrängt,
und ihre Mauern aus Mondlicht
und ihre kerzengeraden Fenster dämmern im Stehen vor sich hin,
und drüben der Louvre,

aydınlanmış ışıldaklarla
aydınlanmış bizim için
billûr sarayımız.

Henüz vakit varken, gülüm,
Paris yanıp yıkılmadan,
henüz vakit varken, gülüm,
yüreğim dalındayken henüz,
şu Mayıs gecesi rıhtımda, depolarda
kırmızı varillere oturmalıyız.
Karşıda karanlığa giren kanal.
Bir şat geçiyor,
selâmlayalım, gülüm,
geçen sarı kamaralı şat'ı selâmlayalım.
Belçika'ya mı yolu, Hollanda'ya mı?
Kamaranın kapısında ak önlüklü bir kadın
tatlı tatlı gülümsüyor.

Henüz vakit varken, gülüm,
Paris yanıp yıkılmadan,
henüz vakit varken, gülüm...
Parisliler, Parisliler,
Paris yanıp yıkılmasın...

Paris, 13 Mayıs 1958

unser Kristallpalast,
von Scheinwerfern bestrahlt,
erleuchtet für uns.

Solange noch Zeit ist meine Rose,
ehe Paris abbrennt und einstürzt,
solange noch Zeit ist, meine Rose,
solange mein Herz noch an seinem Zweig hängt,
wollen wir uns in dieser Mainacht in den Lagerhäusern
am Kai auf die roten Fässer setzen.
Drüben der vom Dunkel umfangene Kanal.
Ein Lastkahn zieht vorüber,
winken wir ihm, meine Rose,
grüßen wir den vorbeifahrenden Kahn mit der gelben Kajüte.
Ist er nach Belgien unterwegs oder nach Holland?
An der Kajütentür steht eine Frau in weißer Schürze
und lächelt süß.

Solange noch Zeit ist, meine Rose,
ehe Paris abbrennt und einstürzt,
solange noch Zeit ist, meine Rose...
Ihr Pariser, Pariser,
Paris darf nicht abbrennen, darf nicht einstürzen...

Paris, den 13. Mai 1958

Paris Üstüne Bilmeceler

Hangi şehir şaraba benzer?
Paris.
İlk bardağı içersin
                    buruktur,
ikincide dumanı vurur başına,
üçüncüde mümkünü yok masadan kalkmanın,
garson, bir şişe daha getir!
Ve artık nerde olsan, nereye gitsen
                    Paris'in ayyaşısın iki gözüm.

Hangi şehir
        kırk yağmurlarda bile güzeldir?
Paris...

Hikmet'in oğlu, hangi şehirde ölmek isterdin?
İstanbul'da,
Moskova'da
bir de Paris'te...

Paris ne zaman çirkinleşir?
Basımevleri basıldığı
kitaplar yakıldığı zaman.

Nedir Paris'e en çok yaraşmayan?
Pencereleri telli kara otobüsler...

Hangi şehirde yedin ekmeğin hasını?
Paris'te.
Hele yağlı çörekleri,
Şehzadebaşı fırınından sanırsın.

Paris'te en çok neyi sevdin?
Paris'i.

Rätsel über Paris

Welche Stadt gleicht dem Wein?
Paris.
Du trinkst das erste Glas,
                    es schmeckt herb,
das zweite steigt dir zu Kopf,
beim dritten kommst du nicht mehr vom Tisch hoch,
Ober, noch eine Flasche!
Und schließlich, wo du auch bist, wohin du auch gehst
                         bist du ein Trunkenbold aus Paris, mein Augapfel.

Welche Stadt
          ist schön selbst im Dauerregen?
Paris . . .

Hikmets Sohn, in welcher Stadt möchtest du sterben?
In Istanbul,
Moskau
und in Paris . . .

Wann ist Paris häßlich?
Wenn man die Druckereien überfällt,
die Bücher verbrennt.

Was paßt am wenigsten zu Paris?
Die schwarzen Busse mit den vergitterten Fenstern . . .

In welcher Stadt hast du das feinste Brot gegessen?
In Paris.
Die Croissants vor allem,
die könnten aus der Bäckerei in Şehzadebaşı stammen.

Was hast du am meisten geliebt in Paris?
Paris.

Paris'te kime çiçek götürdün yoldaşım?
Komunacıların duvarına
bir de dal gibi bir dilbere.

Paris'te kimi gördün seninkilerden?
Nâmık Kemâl'i, Ziya Paşa'yı, Mustafa Suphi'yi
bir de gençliğini anamın
resim yapar
        firenkçe konuşur
            dünya güzeli,
bir de genç kızlığını Mimi'nin.

Peki, Paris kime benzer?
        Parisliye...

Paris'e inanıyor musun Adem oğlu?
Paris'e inanıyorum.

Paris, 15 Mayıs 1958

Wem hast du in Paris Blumen gebracht, mein Genosse?
Der Mauer der Kommunarden
und einer Dame, die einem Zweig glich.

Wen von den Deinen hast du in Paris gesehen?
Namık Kemal, Ziya Pascha, Mustafa Suphi,
außerdem die Jugend meiner Mutter,
sie malte,
        sprach französisch,
            die schönste Frau der Welt,
außerdem Mimi als junges Mädchen.

Schön, aber wem gleicht nun Paris?
        Dem Pariser . . .

Glaubst du an Paris, du Menschensohn?
Ich glaube an Paris!

Paris, den 15. Mai 1958

Versay Şehri

Bu Mayıs günü Versay'da,
sokaklar otomobillerden geçilmiyor,
otobüslerden, otokarlardan,
bisiklet, motosiklet.

Bir de tek atlı bir fayton gördüm,
at çakırkeyf,
kalabalık, kalabalık...
Kıpırdanacak yer kalmamış evlere...
Turisti, Fransız'ı
ve saray hademelerinin
oğlunun oğlunun oğlunun oğlu
kızının
kızının
kızının kızı
ve yeşillik
çayır çimen, orman,
yeşil, envayi çeşit yeşil
yeşil top top, arşın arşın,
yeşil gözümüz, kaşımız,
üstümüz başımız yeşil,
yeşildi bulutlara vuran ışık,
yeşildi Jerar'ın kara saçları da.
Ama, yine de Versay şehri
– kuzum bana kızma Güzin –
bu yaldızlı yaprağı Fransız hümanizminin
acaip bir mezarlık
perspektifli sarayları da dahil
perukalı ağaçları da.

Paris, 20 Mayıs 1958

Die Stadt Versailles

An diesem Tag im Mai
kann man auf den Straßen in Versailles nicht laufen
vor lauter Autos, Bussen, Kleinbussen,
Fahr- und Motorrädern.

Außerdem sah ich eine Kutsche mit einem Gespann,
das Pferd leicht angeheitert,
ein Gedränge und Geschiebe.
Die Häuser haben keinen Platz mehr, sich zu bewegen...
Der Touristen, der Franzosen
und der Palastdiener
Sohn des Sohnes des Sohnes des Sohnes
Tochter der Tochter
der Tochter
der Tochter
und ringsum grün
die Wiesen, der Wald,
grün, Grün in verschiedenen Schattierungen,
grün in ganzen Haufen, ganzen Ellen,
unsere Augen, unsere Brauen grün,
unsere Kleider grün,
grün war das Licht, das auf die Wolken fiel,
grün waren auch Gérards schwarze Haare.
Aber trotzdem ist Versailles
– sei mir nicht böse, meine liebe Güzin –
dieses vergoldete Blatt des französischen Humanismus
ein seltsamer Friedhof,
einschließlich seiner Paläste mit ihren Perspektiven
und seiner Bäume mit ihren Perücken.

Paris, den 20. Mai 1958

Bereli Versay

Bir keresinde gülüm,
Paris yürümüş Versay'ın üstüne,
bir başka sefer
Versay Paris'i kurşuna dizmiş.
19 Mayısta Paris'teyim, gülüm
Versay pusudaydı.
beresi kaşlarında
koltuğunun altında otomatiği
ve lâkin ateş edemedi o gün
edemez de
Paris içinden satılmazsa.

Paris, 20 Mayıs 1958

Versailles mit seinem Barett

Einmal, meine Rose,
soll Paris auf Versailles losmarschiert sein,
ein anderes Mal
soll Versailles Paris standrechtlich erschossen haben.
Am 19. Mai bin ich in Paris, meine Rose,
Versailles lag auf der Lauer,
das Barett über den Augenbrauen,
unterm Arm das Maschinengewehr,
dennoch konnte es an jenem Tag nicht schießen,
ist auch nicht imstande dazu,
wenn man Paris nicht von innen verrät.

Paris, den 20. Mai 1958

Paris'te 28 Mayıs 1958

Gördüm şükür, gördüm şükür
bugünü de gördüm şükür
gördüm şükür bugünü de Paris'te.
Aktı Paris
asıl Paris
ulu Paris
mavi mavi kızıl kızıl
aktı Ren Ron Garon Sen
aktı Paris sular gibi şakır şakır
aktı Paris 1958
          Mayıs yirmi sekizde.
Gördüm şükür, gördüm şükür
gördüm şükür bugünü de Paris'te.

Kapılardan çıktı insan
          bir meydana doluverdi,
duvarları kuşlar gibi kafeslerden salıverdi
bir insan beşyüz bin insana
               beşyüz bini bir insana dalıverdi,
İvri, Sendöni, Belvil,
Paris'in varoşları da tekmil,
          bisikletle geliverdi,
taşlar dirildi insan oluverdi,
salkım salkım insan oldu ağaçlar.

Ah bu yürek ah bu yürek ah bu yürek
          bu enfarktlı bu mendebur
               ah bu yürek
                    koymadı ki aralarına girek.
Önde milletvekilleri kurdeleli,
bir yanımda şahin gözlü montör Piyer
bir yanımda ak sakallı profesör Sorbon'dan,
bir yanımda deli fişek kara oğlan,

28. Mai 1958 in Paris

Zum Glück sah ich, sah zum Glück,
sah auch das Heute zum Glück,
sah zum Glück in Paris auch das Heute.
Paris floß dahin,
das richtige Paris,
das große Paris,
ganz in Blau und in Rot,
Rhein, Rhone, Garonne und Seine flossen dahin,
Paris floß rauschend dahin wie die Wasser,
Paris floß dahin
        am achtundzwanzigsten Mai 1958.
Zum Glück sah ich, sah zum Glück,
sah zum Glück in Paris auch das Heute.

Aus den Türen traten Menschen,
        füllten einen ganzen Platz,
ihre Mauern entließen sie wie Vögel aus dem Käfig,
ein Mensch ging unter in fünfhunderttausend anderen,
            fünfhunderttausend in einem einzigen,
Mairie d'Ivry, St. Denis, Belleville,
auch alle Pariser Vorstädte
        kamen auf Fahrrädern,
die Steine erwachten, wurden zu Menschen,
zu Menschen, ganzen Menschentrauben verwandelten sich die Bäume.

Ach, dieses Herz, dieses Herz, ach, dieses Herz,
        dieses infarktkranke, elende Herz,
            ach, dieses Herz
                ließ es nicht zu, mich ihnen anzuschließen.
Allen voran die Abgeordneten mit Bändern,
auf der einen Seite neben mir der Monteur Pierre mit dem Falkenauge,
auf der anderen der weißbärtige Professor von der Sorbonne,
auf der einen Seite ein schwarzer Bursche, ein Draufgänger,

bir yanımda mavili kız bomba memeli
iskarpinin topukları iğneden...
Ah bu yürek ah bu yürek
koymadı ki akıp gidek
                bir meydandan bir meydana.

Ben bunları yazıyorum
1958 Mayıs yirmi dokuzda.
Biliyorum hayinler var aramızda,
tanıyorum kimisini,
kimbilir belki biraz da
                kabahat bizde,
şakır şakır
          mavi mavi
                kızıl kızıl akan sular
paramparça edemezse kara korsan gemisini.

Paris, 29 Mayıs 1958

auf der anderen ein vollbusiges Mädchen in Blau
mit nadeldünnen Absätzen...
Ach, dieses Herz, ach, dieses Herz,
ließ es nicht zu,
                von Platz zu Plaz mitzuziehen.

All dies schreibe ich
am neunundzwanzigsten Mai 1958.
Ich weiß, unter uns sind Verräter,
ich kenne manchen,
wer weiß, vielleicht tragen auch wir
                ein wenig Schuld daran,
wenn diese rauschenden,
        blau und
                rot fließenden Wasser
das schwarze Freibeuterschiff nicht zerschlagen können.

Paris, den 29. Mai 1958

İsviçre Dağları

Bu dağlar ne dağları
bizim dağlara benziyor,
bıçak gibi boğazları, parça parça karları,
bu dağlar ne dağları
bizim dağlara benziyor,
adamı da... Eli ayağı, gözü kaşı var
                                        ama velosipetli.
Bizimkiler velosipetsiz,
                                        bitli.

Tiren yolu, 31 Mayıs 1958

Die Schweizer Berge

Was für Berge sind das,
die unseren Bergen ähneln,
ihre Schluchten wie Messer, ihr Schnee in Streifen zerschnitten,
was sind das für Berge,
die unseren Bergen ähneln,
auch ihre Menschen... Sie haben Hand und Fuß, Auge und Braue
aber auch ein Moped.
Die Unsrigen haben kein Moped,
dafür Läuse.

Auf der Bahnstrecke, den 31. Mai 1958

Bir Yolculuk Üstüne

Açıyoruz kapıları,
kapıyoruz kapıları,
geçiyoruz kapılardan,
ve biricik yolculuğun sonunda
                                        ne şehir,
                                             ne liman,
tiren yoldan çıkıyor,
batıyor gemi,
düşüyor uçak.
Harta çizilmiş buzun üstüne.
Elimde olsaydı bu yolculuğa
                                        başlayıp başlamamak
                                             başlardım yine.

Leningrad, 1958

Über eine Reise

Wir öffnen Türen,
wir schließen Türen,
wir gehen durch Türen hindurch,
und am Ende der einzigen Reise
                    weder Stadt
                        noch Hafen,
der Zug entgleist,
das Schiff sinkt,
das Flugzeug stürzt ab.
Die Landkarte ist auf Eis gezeichnet.
Wenn ich es in der Hand hätte, auf diese Reise
                    zu gehen oder nicht,
                        ich würde sie wieder machen.

Leningrad, 1958

Kederleniyorum

Bir Üsküdar balkonunda guruba karşı demlenir gibi
bu akşam üstü, Laypzig'te, tıramvay durağında
tadını çıkara çıkara, yudum yudum
kederleniyorum.

22 Haziran 1958

Wehmut überkommt mich

Wie wenn ich auf einem Balkon in Üsküdar zeche, die sinkende Sonne im
so überkommt mich [Angesicht,
an diesem frühen Abend an einer Straßenbahnhaltestelle in Leipzig
eine Wehmut, deren Genuß ich mich, Schluck um [Schluck, hingebe

22. Juni 1958

* * *

Denizin üstünde ala bulut
yüzünde gümüş gemi
içinde sarı balık
dibinde mavi yosun
kıyıda bir çıplak adam
durmuş düşünür.
Bulut mu olsam,
gemi mi yoksa,
balık mı olsam,
yosun mu yoksa
Ne o, ne o, ne o.
Deniz olunmalı, oğlum,
bulutuyla, gemisiyle, balığıyla, yosunuyla.

Arhipo Osipovka, 15 Eylül 1958

* * *

Über dem Meer eine farbenprächtige Wolke,
auf ihm ein silbernes Schiff,
in ihm ein gelber Fisch,
auf seinem Grund eine blaue Alge,
am Ufer ein nackter Mann,
                                        in Gedanken versunken:
soll ich eine Wolke sein
oder ein Schiff,
soll ich ein Fisch sein
oder eine Alge?
Weder das eine noch das andere, auch jenes nicht.
Man sollte ein Meer sein, mein Sohn,
mitsamt seinen Wolken, seinen Schiffen, seinen Fischen, seinen Algen.

Arhipo Osipovka, den 15.9.1958

Kapalı Deniz

Yeşili hare hare mavisi yumuşacık
geçtim Hazer Denizi'ni ipekli bir gününde
duruyordu gemimizin önünde
kanatsız bir kapı gibi apaçık.

Dokundu yüreğime bu yapmacıklı hali
hangi deniz onun gibi kapalı
hangi deniz onun gibi denizlerden habersiz
hangi deniz onun gibi yapyalnız?

Krasnovodsk, 4 Ekim 1958

Das Binnenmeer

Sein Grün schillernd, sein Blau ganz sanft
fuhr ich über das Kaspische Meer an einem seiner seidenen Tage
es lag vor unserem Schiff weit offen
wie ein Tür ohne Flügel.

Sein unnatürlicher Zustand ging mir ans Herz
welches Meer ist wie dieses so in sich geschlossen, ein Binnenmeer,
welches Meer hat wie dieses so wenig Ahnung von den anderen Meeren
welches Meer ist wie dieses so einsam und allein?

Krasnovodsk, den 4. Oktober 1958

* * *

Sırma gibi kızlar
        bu Avrupa şehrinde
            bizim şıpıtık terliklerle geziyor.
Hava açtı içimdeki İstanbul üzerinde.
Bir selvi, bir çeşme, Üsküdar.
Koştumsa da yetişemedim
                iskeleden kalktı vapur.

Laypzig, 30 Haziran 1959

* * *

Mädchen wie Silberfäden
gehen in dieser europäischen Stadt
in unseren Sandalen spazieren.
In dem Istanbul in mir hellte sich der Himmel auf.
Eine Zypresse, ein Brunnen, Üsküdar.
Ich rannte, erreichte jedoch das Schiff nicht,
das eben am Kai abfuhr.

Leipzig, den 30. Juni 1959

Hasret

Yüzyıl oldu yüzünü görmeyeli
belini sarmayalı
gözünün içinde durmayalı
aklının aydınlığına sorular sormayalı
dokunmayalı sıcaklığına karnının.
Yüz yıldır bekler beni
                    bir şehirde bir kadın.
Aynı daldaydık aynı daldaydık
aynı daldan düşüp ayrıldık
aramızda yüz yıllık zaman
                        yol yüz yıllık
Yüz yıldır alaca karanlıkta
                    koşuyorum ardından.

6 Temmuz 1959

Sehnsucht

Hundert Jahre ist es her seit ich nicht mehr in dein Gesicht sah
deine Taille nicht mehr umschlang
nicht mehr in deinem Auge stand
an deinen klaren Verstand keine Fragen mehr stellte
nicht mehr die Wärme deines Bauchs spürte.
Seit hundert Jahren erwartet mich
              in einer Stadt eine Frau.
Wir saßen auf demselben Ast auf demselben
wir stürzten vom selben Ast und trennten uns
zwischen uns ein Zeitraum von hundert Jahren
                von hundert Jahren ein Weg.
Seit hundert Jahren laufe ich im Halbdunkel
              ihr hinterher.

6. Juli 1959

* * *

20–30 kilometrede bir
üstüne milyarlarca yıldız yağıyormuş gibi
milyarlarca yaprağın arasından geçiyor tiren.

20–30 kilometrede bir
yeşil bakır külâhlı kuleler geçiyor vagonun içinden
kederli arduvazlar kıpkızıl kiremitler
          kiremitler vernikli gibi de parlıyor,
balkonda bir kadın mavi mayolu
               sarışındı sanıyorum
sokaklar tertemiz ama ıssızca
renkli güneşler gibi yanan saksılar.

20–30 kilometrede bir
fabrikalar buram buram
Temmuz yaprakları ışıkla şişip kabarmış.
İçimde telâş
varıp görememek
          görüp kahrolmak telâşı.

20–30 kilometrede bir
motorlu tekerlekleriyle asfalt pırıl pırıl
ekinler sırma kuşak gibi
ve milyarlarca yaprağın arasından geçiyor tiren
sonra ansızın Vıltava suyunun üzerinde
               arasında köprülerle heykellerin
                    kararmış gümüşten bir şehir.

Orda dünya güzelim
kömür gözlü bacım
yüzü kâattan ak
ölüyor kanserden 28 yaşında.

25 Temmuz 1959

* * *

Als regnete es
alle 20 bis 30 Kilometer Milliarden von Sterne auf ihn herab,
so fährt der Zug durch Milliarden von Blätter.

Alle 20 bis 30 Kilometer
ziehen Türme mit kupfergrünen Spitzen am Waggon vorbei,
trauriger Schiefer, tiefrote Ziegel,
        die leuchten, als seien sie mit Firnis bestrichen,
auf dem Balkon eine Frau im blauen Badeanzug,
            blond, glaube ich,
die Straßen peinlich sauber, doch etwas einsam,
wie farbig strahlende Sonnen die Blumentöpfe.

Alle 20 bis 30 Kilometer
Fabriken in großer Zahl,
die Juliblätter haben sich im Licht gewellt.
Ich bin aufgeregt,
aufgeregt, daß ich sie bei der Ankunft nicht sehe
        oder sie vielleicht sehe, aber entsetzt bin.

Alle 20 bis 30 Kilometer
ein Asphalt, glänzend, flimmernd, mit seinen motorisierten Rädern,
der Weizen wie eine goldfarbene Leibbinde,
so fährt der Zug durch Milliarden von Blätter,
dann plötzlich auf der Vltava
            zwischen Brücken und Statuen
                eine Stadt aus geschwärztem Silber.

Dort ist meine Schönste, die Schönste der Welt,
meine Schwester mit den kohlschwarzen Augen,
dem Gesicht weißer als Papier,
sie stirbt an Krebs, 28 Jahre alt.

25. Juli 1959

* * *

Biliyorum artık iyice biliyorum
bu garda tirenden bir daha inişimde
ne gözlerini göreceğim bacım
akları sütmavi kara gözlerini
ne de parıltıyı büyük kapının dışında
taşlar ağaçlar camlar
          insanların yüzü
                    sönmüş olacak
gözlerin şehrin aydınlığını toprağın altına götürüp
            mezarlıkta çoktan çürümüştür.

Biliyorum artık iyice biliyorum
          biliyorum
hiçbir şey bildiğim yok
belki ben çok daha önce
bir daha hiç bir garda hiçbir tirenden inmeyeceğim
bilmiyorum
sıra hangimizin bacım
seninki kanser
          benimki yürek infarktı
bilmiyorum bilmiyorum
ama yine de öyle geliyor ki bana
bu garda bir daha inişimde tirenden...
Bir gün fazla yaşamak
                         hatta senden
Bağışla alçaklığımı bacım.

29 Temmuz 1959

* * *

Ich weiß weiß es nunmehr genau
wenn ich auf diesem Bahnhof wieder aus dem Zug steige
werde ich deine Augen nicht sehen Schwester
deine schwarzen Augen mit ihrem milchblauen Weiß
und auch nicht die Lichter draußen vor dem Tor
die Steine Bäume Fenster
die Gesichter der Menschen
werden erloschen sein
deine Augen müssen die Helligkeit der Stadt mit unter die Erde
und längst auf dem Friedhof verwest sein. [genommen haben

Ich weiß weiß es nunmehr genau
ich weiß
daß ich nichts weiß
vielleicht werde ich schon viel früher
nicht mehr an einem Bahnhof aus einem Zug steigen
ich weiß nicht
wer von uns an der Reihe ist meine Schwester
du hast Krebs
ich einen Herzinfarkt
ich weiß es nicht weiß nicht
doch kommt es mir wieder so vor
als stiege ich auf diesem Bahnhof noch einmal aus dem Zug . . .
Als lebte ich sogar noch einen Tag
länger als du.
Verzeih mir diese Niedertracht meine Schwester.

29. Juli 1959

* * *

Önde buzkıran
vapurumuz peşisıra sarsılarak.
Baktım kamaramın lumbarından,
deniz donmuş kaskatı ak.
İstanbulluyum,
denizin tuzlu sıcak kıyısında büyüdüm.
Biz rengi, ışığı, canı belli olanı severiz.
Bizde gelincik tarlaları,
bizde sokak,
bizde kapalı çarşı,
bizde güvercinler,
ama bizde en canlı şey deniz.
Bizde o poyrazdan sabırsız,
            yunus balıklarından atik,
bizde o mavi yeşil.
bizde bazan öğle vakitleri yazın
            havada yaprak kıpırdamaz
            ama kıpırdar o
                uçsuz bucaksız
                    tiril tiril.
Bizde kokusunu yitirmez o hiçbir zaman.
Baktım kamaramın lumbarından,
deniz donmuş
                kaskatı
                    ak.
Baktım
        kahrolarak.

Leningrad-Stockholm yolu, 1959

* * *

Vorneweg der Eisbrecher,
hinter ihm, ganz durcheinandergerüttelt, unser Schiff.
Ich blicke aus der Luke meiner Kabine nach draußen,
das Meer war zugefroren, fest und weiß.
Ich bin ein Istanbuler,
wuchs an einer salzigen, warmen Meeresküste heran.
Wir lieben alles Farbige, Lichterfüllte, Lebendige.
Es gibt Klatschmohnfelder bei uns,
Straßen,
den Großen Basar,
Tauben,
doch das Lebendigste bei uns ist das Meer.
Es ist ungeduldiger bei uns als der Nordostwind,
            wendiger als Delphine,
blaugrün bei uns.
Bei uns regt sich manchmal mittags im Sommer
            kein Blatt in der Luft,
            doch das Meer ist in Bewegung,
                endlos,
                    schlägt leichte Wellen.
Bei uns verliert es nie seinen Duft.
Ich blicke aus der Luke meiner Kabine nach draußen,
das Meer war zugefroren,
                fest
                    und weiß.
Ich sah es
            und war bestürzt.

Auf der Strecke von Leningrad nach Stockholm, 1959

Geceleyin Bakü

Geceleyin yıldızsız ağır denize kadar
geceleyin zifiri karanlıkta
güneşli buğday tarlasıdır Bakü şehri.
Tepedeyim,
avuç avuç çarpar yüzüme ışık taneleri,
havada rast peşrevi Boğaziçi suları gibi akar.
Tepedeyim,
uzaklaşır uçsuz bucaksız ayrılıkta
bir sal gibi yüreğim
gider anıların ötesine
yıldızsız ağır denize kadar
zifiri karanlıkta.

Bakü, Şubat 1960

Baku bei Nacht

Nachts bis hinab zum sternlosen, schweren Meer,
nachts in der pechschwarzen Dunkelheit
ist die Stadt Baku ein sonniges Weizenfeld.
Ich bin auf dem Hügel,
Lichtkörner prasseln mir ins Gesicht, ganze Hände voll,
das Rast-Peşrevi in der Luft fließt dahin wie das Wasser des Bosporus.
Ich bin auf dem Hügel,
in der unendlichen, grenzenlosen Trennung
                                        schwimmt mein Herz davon wie ein Floß
                                        bis über die Erinnerungen hinaus,
                                        hinab zum sternlosen, schweren Meer
                                            in der pechschwarzen Dunkelheit.

Baku, Februar 1960

İlk Roma Akşamım

Sarı sıcak kocaman ıslak bir çiçek
kırmızı balıklar yosunların arasında
karıncalar pırıl pırıl
                    kara gözlü telâşlı karıncalar
ve çınarlarla taş beygirler sırılsıklamdı
bir kadın gördüm
elleri kalçasında başında çamaşır sepeti
bir kadın gördüm
cıgara içiyor 60 modeli Ford arabasında
bir kadın gördüm
otobüs durağında gözleri kapalı
                    dokunsan ağlayacak
dört bir yanım ışıl ışıl camdı
ve camlar hep birden bağırıp çağırıyordu
Nisandı akşamdı
                    yağmur yağıyordu
esmer ayakları çıplak bir yağmur
yağmur yağıyordu ömrümün ilk Roma akşamına
                ve ilk şemsiyesine ömrümün
şemsiyem ihtiyardı
bana onu genç bir sosyalist verdi
sarışın sol bir sosyalist
bir komünist mitingine gidiyordum
şemsiyem bahtiyardı
                    bahtiyardım
Roma ıslak bir duvardı
ve artık bu duvarda bir tek afiş vardı
                        gittiğim mitingin afişi.

Roma, Nisan 1960

Mein erster Abend in Rom

Eine gelbe warme Blume riesig und naß
rote Fische inmitten von Algen
Ameisen glitzernd funkelnd
        schwarzäugige emsige Ameisen
und die Platanen die steinernen Gäule tropfnaß
ich sah eine Frau
die Hände an der Hüfte einen Wäschekorb auf dem Kopf
ich sah eine Frau
sie rauchte eine Zigarette in ihrem Ford Baujahr 60
ich sah eine Frau
an der Bushaltestelle die Augen geschlossen
        hätte man sie berührt sie hätte geweint
rings um mich hell erleuchtete Schaufenster
und sie sprachen riefen alle auf einmal
es war im April an einem Abend
        es regnete
ein brauner barfüßiger Regen
es regnete auf den ersten Abend meines Lebens in Rom
      und auf den ersten Schirm meines Lebens
mein Schirm war schon alt
ein junger Sozialist gab ihn mir
ein blonder Linkssozialist
ich war gerade auf dem Weg zu einer kommunistischen Kundgebung
mein Schirm war glücklich
        ich war glücklich
Rom war eine nasse Mauer
und daran hing jetzt ein einziges Plakat
          das Plakat der Kundgebung zu der ich ging.

Rom, April 1960

* * *

Laypzig'de bir yağmur yağıyor incecikten,
yağıyoruz vitrinler, ağaçlar, insanlar,
bir de otomobillerin hızı,
bir de geçmiş zamanlar,
bir de saman sarısı,
bir de ben
yağıyoruz yağan yağmurlarla beraber incecikten.

18 Eylül 1960

* * *

In Leipzig regnet es, ganz fein fällt der Regen,
auch wir fallen herab, Schaufenster, Bäume, Menschen,
                auch die Geschwindigkeit der Autos,
                auch die vergangenen Zeiten,
                auch die Strohblonde,
                auch ich,
            wir alle fallen ganz fein mit dem Regen herab.

18. September 1960

Yolculuk

Bir şair yolculuk ediyor
                    bir denizde dünyamızın
                        bakarak bir yıldıza.

Yolculuk ediyor şairin biri
                        yıldızlardan birinde bir denizde
                            bakarak dünyamıza.

Yolculuk ediyor şairler
                        denizlerinde kâinatın
                            bakarak birbirlerine.

Akdeniz, 1960

Reisen

Ein Dichter reist
auf einem Meer unserer Erde,
den Blick auf einen Stern gerichtet.

Einer der Dichter reist
auf einem Meer eines der Sterne,
den Blick auf unsere Erde gerichtet.

Die Dichter reisen
auf den Meeren des Kosmos,
den Blick aufeinander gerichtet.

Mittelmeer, 1960

Saman Sarısı

Vera Tulyakova'ya derin saygılarımla

I

Seher vaktı habersizce girdi gara ekispires
kar içindeydi
ben paltomun yakasını kaldırmış perondaydım
peronda benden başka da kimseler yoktu
durdu önümde yataklı vagonun pencerelerinden biri
perdesi aralıktı
genç bir kadın uyuyordu alaca karanlıkta alt ranzada
saçları saman sarısı kirpikleri mavi
kırmızı dolgun dudaklarıysa şımarık ve somurtkandı
üst ranzada uyuyanı göremedim
habersizce usulcacık çıktı gardan ekispires
bilmiyorum nerden gelip nereye gittiğinil
baktım arkasından
üst ranzada ben uyuyorum
Varşova'da Biristol Oteli'nde
yıllardır böyle derin uykulara dalmışlığım yoktu
oysa karyolam tahtaydı dardı
genç bir kadın uyuyor başka bir karyolada
saçları saman sarısı kirpikleri mavi
ak boynu uzundu yuvarlaktı
yıllardır böyle derin uykulara dalmışlığı yoktu
oysa karyolası tahtaydı dardı
vakıt hızla ilerliyordu yaklaşıyorduk gece yarılarına
yıllardır böyle derin uykulara dalmışlığımız yoktu
oysa karyolalar tahtaydı dardı
iniyorum merdivenleri dördüncü kattan
asansör bozulmuş yine
aynaların içinde iniyorum merdivenleri
belki yirmi yaşımdayım belki yüz yaşımdayım

Strohblond

Mit tiefstem Respekt an Vera Tulyakova

I

In der Morgendämmerung traf der Schnellzug unangemeldet im Bahnhof
ganz schneebedeckt [ein
ich stand mit hochgeschlagenem Mantelkragen auf dem Bahnsteig
außer mir sonst niemand
vor mir kam eines der Fenster des Schlafwagens zum Stehen
der Vorhang war einen Spalt breit geöffnet
eine junge Frau schlief im Halbdunkel auf dem unteren Bett
die Haare strohblond die Wimpern blau
die roten prallen Lippen verwöhnt und mißmutig
wer auf dem oberen Bett schlief konnte ich nicht sehen
unangemeldet leise verließ der Schnellzug den Bahnhof
ich weiß nicht woher er kam wohin er fuhr
ich sah ihm nach
auf dem oberen Bett schlafe ich
in Warschau im Hotel Bristol
seit Jahren war ich nicht in einen so tiefen Schlaf gesunken
doch war mein Bett aus Holz und schmal
eine junge Frau schlief in einem anderen Bett
die Haare strohblond die Wimpern blau
ihr weißer Hals war lang und rund
seit Jahren war sie nicht in einen so tiefen Schlaf gesunken
doch war ihr Bett aus Holz und schmal
die Zeit verging wie im Flug wir näherten uns Mitternacht
seit Jahren waren wir nicht in einen so tiefen Schlaf gesunken
doch waren die Betten aus Holz und schmal
ich steige die Treppen hinunter vom vierten Stock
der Lift geht wieder einmal nicht
zwischen den Spiegeln steige ich die Treppen hinab
vielleicht bin ich zwanzig vielleicht hundert Jahre alt

vakıt hızla ilerliyordu yaklaşıyorduk gece yarılarına
üçüncü katta bir kapının ötesinde bir kadın gülüyor sağ
    elimde kederli bir gül açıldı ağır ağır
Kübalı bir balerinle karşılaştım ikinci katta karlı
    pencerelerde
taze esmer bir yalaza gibi geçti alnımın üzerinden
şair Nikolas Gilyen Havana'ya döndü çoktan
yıllarca Avrupa ve Asya otellerinin hollerinde oturup içtikti
    yudum yudum şehirlerimizin hasretini
iki şey var ancak ölümle unutulur
anamızın yüzüyle şehrimizin yüzü
kapıcı uğurladı beni gocuğu geceye batık
yürüdüm buz gibi esen yelin ve neonların içinde yürüdüm
vakıt hızla ilerliyordu yaklaşıyordum gece yarılarına
çıktılar önüme ansızın
oraları gündüz gibi aydınlıktı ama onları benden başka
    gören olmadı
bir mangaydılar
kısa konçlu çizmeleri pantolonları ceketleri
kolları kollarında gamalı haç işaretleri
elleri ellerinde otomatikleri vardı
omuzları miğferleri vardı ama başları yoktu
omuzlarıyla miğferlerinin arası boşluktu
hattâ yakaları boyunları vardı ama başları yoktu
ölümlerine ağlanmayan askerlerdendiler
yürüdük
korktukları hem de hayvanca korktukları belli
gözlerinden belli diyemem
başları yok ki gözleri olsun
korktukları hem de hayvanca korktukları belli
belli çizmelerinden
korku belli olur mu çizmelerden
oluyordu onlarınki
korkularından ateş etmeğe de başladılar artsız arasız
bütün yapılara bütün taşıt araçlarına bütün canlılara
her sese her kıvıltıya ateş ediyorlar

die Zeit verging wie im Flug wir näherten uns Mitternacht
im dritten Stock draußen vor der Tür lächelte eine Frau
    in meiner rechten Hand erblühte eine traurige Rose langsam ganz langsam
einer kubanischen Ballerina begegnete ich im zweiten Stock
    in den verschneiten Fenstern
wie eine frische braune Flamme ging sie an meiner Stirn vorüber
der Dichter Nicolás Guillén kehrte schon längst nach Havanna zurück
jahrelang saßen wir in europäischen und asiatischen Hotelhallen beisammen
    und tranken schluckweise die Sehnsucht nach unseren Städten
es gibt nur zwei Dinge die man mit dem Tod vergißt
das Gesicht unserer Mutter und das Gesicht unserer Stadt
der Pförtner verabschiedete mich sein Umhang in die Nacht versunken
ich lief im eisig wehenden Wind lief mitten durch die Neonlichter
die Zeit verging wie im Flug ich näherte mich Mitternacht
Sie traten mir in den Weg ganz plötzlich
dort war es taghell aber niemand außer mir
    sah sie
es war eine Einheit
sie trugen Soldatenstiefel Hosen Jacken
an den Ärmeln Hakenkreuzabzeichen
in der Hand Maschinenpistolen
hatten Schultern und Helme doch keine Köpfe
der Raum zwischen ihren Schultern und Köpfen war leer
sie hatten sogar Kragen und Hälse doch keine Köpfe
sie gehörten zu den Soldaten um deren Tod man keine Träne vergoß
wir marschierten
sie hatten Angst tierische Angst unverkennbar
man kann nicht sagen sie lag in ihren Augen
da ihnen die Köpfe fehlten konnten sie ja keine haben
ihre Angst ihre unverkennbare tierische Angst
ging aus ihren Stiefeln hervor
kann Angst denn aus Stiefeln sprechen
ja ihre schon
aus Angst schossen sie auch pausenlos um sich
auf alle Gebäude alle Fahrzeuge alle Lebewesen
jede Stimme jede noch so leise Regung nahmen sie unter Beschuß

hattâ Şopen Sokağı'nda mavi balıklı bir afişe ateş ettiler
ama ne bir sıva parçası düşüyor ne bir cam kırılıyor
ve kurşun seslerini benden başka duyan yok
ölüler bir SS mangası da olsa ölüler öldüremez
ölüler dirilerek öldürür kurt olup elmanın içine girerek
ama korktukları hem de hayvanca korktukları belli
bu şehir öldürülmemiş miydi kendileri öldürülmeden önce
bu şehrin kemikleri birer birer kırılıp derisi yüzülmemiş
    miydi
derisinden kitap kabı yapılmamış mıydı yağından sabun
    saçlarından sicim
ama işte duruyordu karşılarında gecenin ve buz gibi esen
    yelin içinde sıcak bir fırancala gibi
vakıt hızla ilerliyordu yaklaşıyordum gece yarılarına
Belveder yolunda düşündüm Lehlileri
kahraman bir mazurka oynuyorlar tarihleri boyunca
Belveder yolunda düşündüm Lehlileri
bana ilk ve belki de son nişanımı bu sarayda verdiler
tören memuru açtı yaldızlı ak kapıyı
girdim büyük salona genç bir kadınla
saçları saman sarısı kirpikleri mavi
ortalıkta da ikimizden başka kimseler yoktu
bir de akvareller bir de incecik koltuklar kanapeler bebek
    evlerindeki gibi
ve sen bundan dolayı
    bir resimdin açık maviyle çizilmiş belki de bir taş
    bebektin
belki bir pırıltıydın düşümden damlamış sol mememin
    üstüne
uyuyordun alaca karanlıkta alt ranzada
ak boynun uzundu yuvarlaktı
yıllardır böyle derin uykulara dalmışlığın yoktu
ve işte Kırakof şehrinde Kapris Barı
vakıt hızla ilerliyor gece yarılarına yaklaşıyoruz
ayrılık masanın üstündeydi kahve bardağınla limomatamın
    arasında
onu oraya sen koydun

sogar auf ein Plakat mit einem blauen Fisch in der Chopinstraße feuerten
dennoch fiel kein Stück Mörtel zerbrach keine Scheibe [sie los
und den Lärm der Geschosse hörte außer mir niemand
die Toten selbst die von einer SS-Einheit diese Toten können nicht töten
indem sie lebendig werden können sie töten indem sie zu einem Wurm
[werden und in einen Apfel kriechen
aber daß sie Angst hatten sogar tierische Angst war unverkennbar
hatte man diese Stadt nicht getötet bevor sie selbst umkamen
hatte man die Knochen dieser Stadt nicht einzeln zertrümmert und
ihnen die Haut abgezogen
waren aus ihrer Haut nicht Buchumschläge aus ihrem Fett Seife
aus ihrem Haar Packschnur geworden
aber trotz allem stand sie noch vor ihnen da mitten in der Nacht
im eisigen Wind wie ein warmes Weißbrot
die Zeit verging wie im Flug ich näherte mich Mitternacht
auf dem Weg zum Belweder dachte ich an die Polen
eine heroische Mazurka spielen sie die ganze Geschichte hindurch
auf dem Weg zum Belweder dachte ich an die Polen
mir gab man den ersten und vielleicht auch den letzten Orden in diesem
der Zeremonienmeister öffnete die vergoldete weiße Tür [Palast
ich trat in den großen Salon zusammen mit einer Frau
die Haare strohblond die Wimpern blau
außer uns beiden war niemand sonst da
nur Aquarelle feine Sessel und Sofas
denen in Puppenstuben gleichend
und du warst deshalb
ein in Hellblau gemaltes Bild vielleicht auch
eine Porzellanpuppe
vielleicht warst du ein Schimmer der mir aus dem Traum
auf die linke Brust tropfte
du schliefst auf der unteren Liege im Halbdunkel
dein weißer Hals war lang und rund
seit Jahren warst du nicht in einen so tiefen Schlaf gesunken
und da ist in Krakau die Kaprice-Bar
die Zeit vergeht wie im Flug wir nähern uns Mitternacht
die Trennung stand auf dem Tisch zwischen deiner Kaffeetasse und
meiner Limonade
du hast sie dorthin gestellt

bir taş kuyunun dibindeki suydu
bakıyorum eğilip
bir koca kişi gülümsüyor bir buluta belli belirsiz
sesleniyorum
seni yitirmiş geri dönüyorum sesimin yankıları
ayrılık masanın üstündeydi cıgara paketinde
gözlüklü garson getirdi onu ama sen ısmarladın
kıvrılan bir dumandı gözlerinin içinde senin
cıgaranın ucunda senin
ve hoşça kal demeğe hazır olan avucunda
ayrılık masanın üstünde dirseğini dayadığın yerdeydi
aklından geçenlerdeydi ayrılık
        benden gizlediklerinde gizlemediklerinde
ayrılık rahatlığındaydı seninl
            senin güvenindeydi bana
büyük korkundaydı ayrılık
birdenbire kapın açılır gibi sevdalanmak birilerine ansızın
oysa beni seviyorsun ama bunun farkında değilsin
ayrılık bunu farketmeyişindeydi senin
ayrılık kurtulmuştu yerçekiminden ağırlığı yoktu tüy gibiydi
    diyemem tüyün de ağırlığı var ayrılığın ağırlığı yoktu
    ama kendisi vardı
vakit hızla ilerliyor gece yarıları yaklaşıyor bize
yürüdük yıldızlara değen Ortaçağ duvarlarının karanlığında
vakıt hızla akıyordu geriye doğru
ayak seslerimizin yankıları sarı sıska köpekler gibi geliyordu
ardımızdan koşuyordu önümüze
Yegelon Üniversitesi'nde şeytan taşlara tırnaklarını batıra
    batıra dolaşıyor.
bozmağa çalışıyor Kopernik'in araplardan kalma usturlabını
ve pazar yerinde bezzazlar çarşısının kemerleri altında rok
    end rol oynuyor katolik öğrencilerle
vakıt hızla ilerliyor gece yarılarına yaklaşıyoruz
vuruyor bulutlara kızıltısı Nova Huta'nın
orda köylerden gelen genç işçiler madenle birlikte
    ruhlarını da alev alev döküyor yeni kalıplara

sie war das Wasser auf dem Grund eines steinernen Brunnens
ich bücke mich und blicke hinab
ein alter Mann lächelt eine Wolke an fast unsichtbar
ich rufe
das Echo meiner Stimme kehrt deiner verlustig zurück
die Trennung stand auf dem Tisch in der Zigarettenschachtel
der Kellner mit der Brille brachte sie doch du hattest sie bestellt
sie war ein sich kräuselnder Rauch in deinen Augen
am Ende deiner Zigarette
und in deiner Handfläche bereit Adieu zu sagen
die Trennung stand auf dem Tisch dort wo du die Ellenbogen aufstütztest
in den Gedanken die dir durch den Kopf gingen war die Trennung
        in dem was du vor mir verbargst oder auch nicht verbargst
die Trennung war in deiner Behaglichkeit
            in deinem Vertrauen zu mir
in deiner großen Angst war die Trennung
so als ginge plötzlich die Tür auf dich unerwartet in jemanden zu verlieben
ohne zu merken daß du doch mich liebst
darin lag die Trennung darin daß du es nicht merktest
die Trennung hatte sich von der Anziehungskraft der Erde befreit wog nicht
[schwer
    war zwar nicht wie eine Feder hat diese doch auch ein Gewicht die
    wog nicht schwer stand aber im Raum [Trennung
die Zeit vergeht wie im Flug die Mitternacht rückt näher
wir liefen im Schatten der bis zu den Sternen reichenden mittelalterlichen
die Zeit verfloß schnell floß zurück [Mauern
das Echo unserer Fußtritte kam wie ein gelber abgemagerter Hund
lief hinter uns vorbei vor uns her
in der Uniwersytet Jagielloński geht der Teufel um
    drückt ohne Unterlaß seine Fingernägel in die Steine
versucht das von den Arabern hinterlassene Astrolabium des Kopernikus
[zu zerstören
und tanzt auf dem Marktplatz unter den Arkaden des Tuchmarkts
    Rock'n Roll mit den katholischen Studenten
die Zeit vergeht wie im Flug wir nähern uns Mitternacht
Nowa Huta wirft sein rotes Licht gegen die Wolken
die mit dem Metall aus den Dörfern gekommenen Arbeiter gießen dort
    auch ihre Seelen ins Flammenmeer der neuen Formen

ve ruhların dökümü madenin dökümünden bin kere daha zordur
Meryem Ana kilisesinda çan kulesinde saat başlarını çalan
    borozan gece yarısını çaldı
Ortaçağdan gelen çığlığı yükseldi
        şehre yaklaşan düşmanı verdi haber
ve sustu gırtlağına saplanan okla ansızın
borozan iç rahatlığıyla öldü
ve ben yaklaşan düşmanı görüp de haber veremeden
    öldürülmenin acısını düşündüm
vakıt hızla ilerliyor gece yarıları ışıklarını yeni söndürmüş
    bir vapur iskelesi gibi arkada kaldı
seher vaktı habersizce girdi gara ekispires
yağmurlar içindeydi Pırağ
bir gölün dibinde gümüş kakma bir sandıktı
kapağını açtım
içinde genç bir kadın uyuyor camdan kuşların arasında
saçları saman sarısı kirpikleri mavi
yıllardır böyle derin uykulara dalmışlığı yoktu
kapadım kapağı yükledim sandığı yük vagonuna
habersizce usulcacık çıktı gardan ekispires
baktım arkasından kollarım iki yanıma sarkık
yağmurlar içindeydi Pırağ
sen yoksun
uyuyorsun alaca karanlıkta alt ranzada
üst ranza bomboş
sen yoksun
yeryüzünün en güzel şehirlerinden biri boşaldı
içinden elini çektiğin bir eldiven gibi boşaldı
söndü artık seni görmeyen aynalar nasıl sönerse
yitirilmiş akşamlar gibi Vıltava suyu akıyor köprülerin
    altından
sokaklar bomboş
bütün pencerelerde perdeler inik
tramvaylar bomboş geçiyor
        biletçileri vatmanları bile yok
kahveler bomboş

und die Seele zu gießen ist tausendmal schwerer als Metall zu formen
das Horn im Glockenturm der Marienkirche das jede volle Stunde bläst
verkündete die Mitternacht
sein mittelalterliches Signal wurde lauter
warnte vor dem gegen die Stadt anrückenden Feind
und schwieg unvermittelt durch einen Pfeil der sich ihm in die Kehle
[bohrte
das Horn starb innerlich ganz ruhig
und ich bevor ich den sich nähernden Feind sah und es melden konnte
dachte an den Schmerz des Getötetwerdens
die Zeit vergeht wie im Flug die Mitternacht blieb zurück
wie eine Landungsbrücke mit eben verlöschenden Lichtern
in der Morgendämmerung traf der Zug unangemeldet im Bahnhof ein
Prag lag im Regen
eine silberbestickte Truhe am Grund eines Sees
ich öffnete den Deckel
darin schläft eine junge Frau mitten unter gläsernen Vögeln
die Haare strohblond die Wimpern blau
seit Jahren war sie nicht in einen so tiefen Schlaf gesunken
ich schloß den Deckel und lud die Truhe auf den Güterwagen
unangemeldet leise verließ der Schnellzug den Bahnhof
ich sah ihm mit herabhängenden Armen nach
Prag lag im Regen
du bist nicht mehr da
schläfst im Halbdunkel auf dem unteren Bett
das obere ist leer
du bist nicht mehr da
eine der schönsten Städte der Erde wurde leer
leerte sich wie ein Handschuh aus dem man herausschlüpft
verlosch wie Spiegel erblinden die dich nicht mehr sehen
wie die verlorenen Abende fließt die Vltava
unter den Brücken dahin
die Straßen sind leergefegt
die Vorhänge an all den Fenstern zugezogen
die Straßenbahnen fahren ohne eine einzige Seele vorbei
nicht einmal Schaffner sind darin
die Cafés verlassen

                    lokantalar barlar da öylel
vitrinler bomboş
            ne kumaş ne kıristâl ne et ne şarap
            ne bir kitap ne bir şekerleme kutusu
            ne bir karanfil
şehri duman gibi saran bu yalnızlığın içinde bir koca kişi
        yalnızlıkta on kat artan ihtiyarlığın kederinden
        silkinmek için Lejyonerler Köprüsü'nden martılara
        ekmek atıyor
            gereğinden genç yüreğinin kanına batırıp
            her lokmayı
vakıtları yakalamak istiyorum
parmaklarımda kalıyor altın tozları hızlarının
yataklı vagonda bir kadın uyuyor alt ranzada
yıllardır böyle derin uykulara dalmışlığı yoktu
saçları saman sarısı kirpikleri mavi
elleriyse gümüş şamdanlarda mumlardı
üst ranzade uyuyanı göremedim
ben değilim bir uyuyan varsa orda
belki de üst ranza boş
Moskova'ydı üst ranzadaki belki
duman basmış Leh toprağını
                    Birest'i de basmış
iki gündür uçaklar kalkıp inemiyor
ama tirenler gelip gidiyor bebekleri akmış gözlerin içinden
    geçiyorlar
Berlin'den beri kompartımanda bir başınayım
karlı ovaların güneşiyle uyandım ertesi sabah
yemekli vagonda kefir denen bir çeşit ayran içtim
garson kız tanıdı beni
iki piyesimi seyretmiş Moskova'da
garda genç bir kadın beni karşıladı
beli karınca belinden ince
saçları saman sarısı kirpikleri mavi
tuttum elinden yürüdük
yürüdük güneşin altında karları çıtırdata çıtırdata

auch die Restaurants und Bars
die Schaufenster sind ganz leer
kein Stoff kein Kristall kein Fleisch kein Wein
kein Buch keine Bonbonschachtel
keine Nelke
in dieser Einsamkeit welche die Stadt wie Nebel einhüllt ein alter Mann
um die sich in der Einsamkeit des Alters verzehnfachende
Trübsal von sich zu schütteln wirft er
über die Most Barikádníků den Möwen Brot zu
tränkt wenn nötig jeden Bissen
im Blut seines jungen Herzens
ich möchte die Zeit einholen
der goldene Staub ihrer Geschwindigkeit klebt mir an den Fingern
im Schlafwagen schläft eine Frau auf dem unteren Bett
seit Jahren war sie nicht in einen so tiefen Schlaf gesunken
die Haare strohblond die Wimpern blau
und ihre Hände waren Kerzen in silbernen Leuchtern
wer im oberen Bett schlief konnte ich nicht sehen
falls dort jemand schlief so war ich es nicht
vielleicht war das obere Bett auch leer
Moskau war vielleicht darauf
Nebel senkte sich auf die polnische Erde
auch über Brest lagen Schwaden
seit zwei Tagen können keine Flugzeuge starten und landen
aber die Züge verkehren fahren durch die ausgelaufenen Pupillen
der Augen
seit Berlin bin ich allein im Abteil
mit der Sonne der schneebedeckten Ebenen erwachte ich am nächsten
im Speisewagen trank ich eine Art Ayran die man Kefir nennt [Morgen
die Kellnerin erkannte mich
sie hatte in Moskau zwei Stücke von mir gesehen
am Bahnhof empfing mich eine junge Frau
mit einer Taille dünner als die einer Ameise
die Haare strohblond die Wimpern blau
ich nahm sie an der Hand und wir gingen
wir liefen unter der Sonne auf knirschendem Schnee

o yıl erken gelmişti bahar
o günler Çobanyıldızına haber uçurulan günlerdi
Moskova bahtiyardı bahtiyardım bahtiyardık
yitirdim seni ansızın Mayakovski Alanı'nda yitirdim ansızın
    seni oysa ansızın değil çünkü önce yitirdim
    avucumda elinin sıcaklığını senin sonra elinin
    yumuşak ağırlığını yitirdim avucumda sonra elini
ve ayrılık parmaklarımızın birbirine ilk değişinde başlamıştı
    çoktan
ama yine de ansızın yitirdim seni
asfalt denizlerinde otomobilleri durdurup baktım içlerine
    yoksun
bulvarlar karlı
seninkiler yok ayak izleri arasındal
botlu iskarpinli çoraplı çıplak senin ayak izlerini birde
    tanırım
milisyonerlere sordum
görmediniz mi
eldivenlerini çıkarmışsa ellerini görmemek olmaz
elleri gümüş şamdanlarda mumlardır
milisyonerler büyük bir nezaketle karşılık veriyor
görmedik
İstanbul'da Sarayburnu akıntısını çıkıyor bir romorkör
    ardından üç mavuna
gak gak ediyor da vak vak ediyor da martı kuşları
seslendim mavnalara Kızıl Meydan'dan romorkörün
kaptanına seslenemedim çünkü makinası öyle
    gümbürdüyordu ki sesimi duyamazdı yorgundu da
    kaptan ceketinin düğmeleri de kopuktu
seslendim mavnalara Kızıl Meydan'dan
görmedik
girdim giriyorum Moskova'nın bütün sokaklarında bütün
    kuyruklara
ve yalnız kadınlara soruyorum
yün başörtülü güler yüzlü sabırlı sesiz kocakarılar
al yanaklı kopça burunlu tazeler şapkaları yeşil kadife

in jenem Jahr hatte der Frühling zeitig Einzug gehalten
es waren die Tage an denen man Nachrichten auf den Weg zur Venus
Moskau war glücklich ich war glücklich wir waren glücklich [schickte
ich verlor dich plötzlich auf dem Majakowski-Platz verlor dich plötzlich
aber so plötzlich wiederum verlor ich dich nicht verlor ich doch
zuerst die Wärme deiner Hand in meiner verlor dann
die weiche Schwere deiner Hand in meiner schließlich deine Hand
und die Trennung hatte schon längst begonnen als unsere Finger
sich zum ersten Mal berührten
dennoch verlor ich dich plötzlich
auf den Asphaltmeeren hielt ich die Autos an warf einen Blick hinein
du warst nicht darin
auf den Boulevards liegt Schnee
unter all den Fußspuren fehlen deine
ob in Stiefeln Schuhen Strümpfen oder barfuß deine Fußspuren
kenne ich sofort
ich fragte die Milizionäre
habt ihr sie nicht gesehen
wenn sie die Handschuhe auszieht muß man ihre Hände sehen
sie sind wie Kerzen in silbernen Leuchtern
die Milizionäre erwidern mit ausgesuchter Höflichkeit
wir haben sie nicht gesehen
in Istanbul kämpft ein Schlepper mit drei Kähnen im Geleit
gegen die Strömung an der Sarayburnu an
tweed tweed twirt twirt schreien die Möwen
ich rief den Kähnen vom Roten Platz aus zu doch
meine Stimme drang nicht bis zum Kapitän des Schleppers vor da
[seine Maschine so laut dröhnte
daß er den Ruf nicht vernahm auch war er müde
die Knöpfe seiner Kapitänsjacke waren abgesprungen
ich rief den Kähnen vom Roten Platz aus zu
wir haben sie nicht gesehen
ich reihte mich und reihe mich noch immer in alle Schlangen ein
auf allen Straßen Moskaus
und frage nur die Frauen
die geduldigen stillen Alten mit wollenem Kopftuch und lächelndem Gesicht
die rotwangigen stupsnasigen Schönheiten mit grünen Samthüten

ve genç kızlar tertemiz sımsıkı gayetle de şık
belki korkunç kocakarılar bezgin tazeler şapşal kızlar da
    var ama onlardan bana ne
güzeli kadın milleti erkeklerden önce görür ve unutmaz
görmediniz mi
saçları saman sarısı kirpikleri mavi
kara paltosunun yakası ak ve sedef düğmeleri kocaman
Pırağ'da aldı
görmedik
vakıtlarla yarışıyorum bir onlar öne geçiyor bir ben
onlar öne geçince ufalan kırmızı ışıklarını görmez olacağım
    diye ödüm kopuyor
ben öne geçtim mi ışıldakları gölgemi düşürüyor yola gölgem
    koşuyor önümde gölgemi yitireceğim diye de bir telâştır
    alıyor beni
tiyatrolara konserlere sinemalara giriyorum
Bolşoy'a girmedim bu gece oynanan operayı sevmezsin
Kalamış'ta Balıkçının Meyhanesine girdim
    ve Sait Faik'le tatlı tatlı konuşuyorduk ben hapisten
    çıkalı bir ay olmuştu onun karaciğeri sancılar içindeydi
    ve dünya güzeldi
lokantalara giriyorum estırat orkestraları yani cazları ünlülerin
sırmalı kapıcılara bahşiş sever dalgın garsonlara
gardroptakilere ve bizim mahalle bekçesine soruyorum
görmedik
çaldı geceyarısını Stırasnoy Manastırı'nın saat kulesi
oysa manastır da kule de yıkıldı çoktan
yapılıyor şehrin en büyük sineması oralarda
oralarda on dokuz yaşıma rastladım
birbirimizi birde tanıdık
oysa birbirimizin yüzünü görmüşlüğümüz yoktu
    fotoğraflarımızı bile
ama yine de birbirimizi birde tanıdık şaşmadık el sıkışmak
    istedik
ama ellerimiz birbirine dokunamıyor aramızda kırk yıllık
    zaman duruyor

und die jungen Mädchen sauber und adrett und zudem sehr schick
vielleicht sind unter ihnen auch schreckliche Alte verdrossene Schönheiten
Mädchen aber was kümmern sie mich [schlampige
eine Schöne sieht noch vor den Männern zuerst das Frauenvolk und vergißt
habt ihr sie nicht gesehen [es nie
die Haare strohblond die Wimpern blau
mit ihrem weißen Kragen und den großen Perlmuttknöpfen am schwarzen
den sie in Prag kaufte [Mantel
wir haben sie nicht gesehen
ich renne mit der Zeit um die Wette einmal liegt sie vorne ein ander
wenn sie vorauseilt durchfährt mich der Schrecken ich könnte [Mal ich
ihre immer kleiner werdenden Lichter aus den Augen verlieren
liege ich vorne werfen ihre Scheinwerfer meinen Schatten auf den Weg
mein Schatten läuft vor mir her und versetzt mich
in Aufregung ich könnte ihn verlieren
ich gehe ins Theater Konzert Kino
ins Bolschoi ging ich nicht die Oper die heute abend dort gespielt wird magst
ich ging ins »Balıkçının Meyhanesi« in Kalamış [du nicht
und unterhielt mich angenehm mit Sait Faik seit ich aus dem
[Gefängnis
kam war ein Monat verstrichen er hatte ein Stechen in der Leber
und die Welt war schön
ich gehe in Restaurants die für ihre Jazzbands
berühmt sind
die livrierten Portiers die zerstreuten auf Bachschisch erpichten Kellner
die Garderobiers und den Wächter unseres Stadtviertels frage ich
wir haben sie nicht gesehen
die Uhr auf dem Uhrtum des Strastnoj-Klosters schlug Mitternacht
doch waren das Kloster und der Turm schon lange abgerissen
dort entsteht gerade das größte Kino der Stadt
ich traf dort mein neunzehntes Lebensjahr
wir erkannten uns sofort
doch hatten wir nicht unsere Gesichter gesehen
nicht einmal unsere Photos
erkannten uns trotzdem sofort wunderten uns nicht wollten uns
die Hand schütteln
aber unsere Hände können sich nicht berühren zwischen uns
liegt ein Zeitraum von vierzig Jahren

uçsuz bucaksız donmuş duruyor bir kuzey denizidir
ve Stırasnoy Alanı'na şimdi Puşkin Alanı kar yağmağa
    başladı
üşüyorum hele ellerim ayaklarım
oysa yün çoraplıyım da kunduralarımla eldivenlerim kürklü
çorapsız olan oydu bezle sarmış postallarında ayaklarını
    elleri çıplak
ağzında ham bir elmanın tadı dünya
on dördünde bir kız memesi sertliği avuçlarındaki
gözünde türkülerin boyu kilometre kilometre ölümün boyu
    bir karış
ve haberi yok başına geleceklerin hiçbirinden
onun başına gelecekleri bir ben biliyorum
çünkü inandım onun bütün inandıklarına
sevdim seveceği bütün kadınları
yazdım yazacağı bütün şiirleri
yattım yatacağı bütün hapislerde
geçtim geçeceği bütün şehirlerden
hastalandım bütün hastalıklarıyla
bütün uykularını uyudum gördüm göreceği bütün düşleri
bütün yitireceklerini yitirdim
saçları saman sarısı kirpikleri mavi
kara paltosunun yakası ak ve sedef düğmeleri koskocaman
görmedim.

II

on dokuz yaşım Beyazıt Meydanı'ndan geçiyor çıkıyor
    Kızıl Meydan'a Konkord'a iniyor Abidin'e
    rastlıyorum da meydanlardan konuşuyoruz
evveli gün Gagarin en büyük meydanı dolaşıp döndü
    Titof da dolaşıp dönecek hem de on yedi buçuk kere
    dolanacak ama daha bundan haberim yok
meydanlarla yapılardan konuşuyoruz Abidin'le tavan
    arasındaki otel odamda

erstreckt sich ein unendliches zugefrorenes Nordmeer
und auf dem Strastnoj-Platz dem jetzigen Puschkin-Platz
    begann es zu schneien
mich friert es besonders an den Händen und Füßen
dabei trage ich Wollstrümpfe sind meine Schuhe und Handschuhe
[pelzgefüttert
er dagegen hatte keine Strümpfe hatte die Füße in den Soldatenschuhen
    mit Lumpen umwickelt nackte Hände
die Welt ist wie der Geschmack eines sauren Apfels in seinem Mund
in seinen Handflächen eine Härte den Brüsten eines vierzehnjährigen
[Mädchens vergleichbar
die Länge der Lieder in seinen Augen die Kilometer umfassende Größe des
    eine Handspanne nur [Todes
und er hat keine Ahnung was ihm noch alles bevorsteht
nur ich weiß was er noch alles mitmachen wird
denn ich glaubte an alles woran er auch glaubt
liebte all die Frauen die er lieben wird
schrieb all die Gedichte die er schreiben wird
saß in all den Gefängnissen in denen er sitzen wird
wanderte durch all die Städte durch die er wandern wird
erkrankte an all seinen Krankheiten
schlief all seinen Schlaf träumte all die Träume die er träumen wird
verlor all das was er verlieren wird
die Haare strohblond die Wimpern blau
den schwarzen Mantel mit dem weißen Kragen und den großen
ich habe sie nicht gesehen [Perlmuttknöpfen

II

mein neunzehntes Lebensjahr geht über den Beyazıt-Meydanı steigt
    zum Roten Platz hoch geht zum Place de la Concorde hinab ich treffe
    Abidin und wir reden von den Plätzen
vorgestern reiste Gagarin zum größten aller Plätze und kehrte wieder zurück
    Titow wird ihm das nachmachen und sogar siebzehneinhalb Mal
    kreisen aber das weiß ich noch nicht
wir reden von den Plätzen den Bauwerken Abidin und ich
    in meinem Hotelzimmer unter dem Dach

Sen ırmağı da akıyor Notr Dam'ın iki yanından
ben geceleyin penceremden bir ay dilimiymiş gibi görüyorum
Sen ırmağını rıhtımında yıldızların
bir de genç bir kadın uyuyor tavan arasındaki odamda
Paris damlarının bacalarına karışmış
yıllardır böyle derin uykulara dalmışlığı yoktu
saman sarısı saçları bugidili mavi kirpikleriyse yüzünde
bulut
çekirdekteki meydanla çekirdekteki yapıdan koyuşuyoruz
Abidin'le
meydanda fırdönen Celâlettin'den konuşuyoruz
Abidin uçsuz bucaksız hızın renklerini döktürüyor
ben renkleri yemiş gibi yerim
ve Matis bir manavdır kosmos yemişleri satar
bizim Abidin de öyle Avni de Levni de
mikroskopun ve füze lumbuzlarının gördüğü yapılar meydanlar
renkler ve şairleri ressamları çalgıcıları onların
hamlenin resmini yapıyor Abidin yüz elliye atmışın
meydanlığında
suda balıkları nasıl görüp suda balıkları nasıl avlayabilirsem
öyle görüp öyle avlayabilirim kıvıl kıvıl akan
vakıtları tuvalinda Abidin'in
Sen ırmağı da bir ay dilimi gibi
genç bir kadın uyuyor ay diliminin üstünde
onu kaç kere yitirip kaç kere buldum daha kaç kere yitirip
kaç kere bulacağım
İşte böyle işte böyle kızım düşürdüm ömrümün bir
parçasını Sen ırmağına Sen Mişel Köprüsü'nden
ömrümün bir parçası Mösyö Düpon'un oltasına takılacak
bir sabah çiselerken aydınlık
Mösyö Düpon çekip çıkaracak onu sudan Paris'in mavi
suretiyle birlikte ve hiç bir şeye benzetemiyecek
ömrümün bir parçasını ne balığa ne papuç eskisine
atacak onu Mösyö Düpon gerisin geriye Paris'in suretiyle
birlikte suret eski yerinde kalacak.
Sen ırmağıyla akacak ömrümün bir parçası büyük

und die Seine fließt zu beiden Seiten an Notre-Dame vorbei
nachts von meinem Fenster sieht sie wie eine Mondscheibe aus
    die Seine am Kai der Sterne
außerdem schläft eine junge Frau in meinem Zimmer unter dem Dach
    das sich einfügt in die Schornsteine all der Pariser Giebel
seit Jahren war sie nicht in einen so tiefen Schlaf gesunken
die strohblonden Haare in Haarwickeln und die blauen Wimpern
    in ihrem Gesicht wie Wolken
über den Platz im Kern die Bauwerke im Kern
    reden Abidin und ich
wir reden über den auf dem Platz herumwirbelnden Celaleddin
Abidin trägt mit leichter Hand die Farben der endlosen Geschwindigkeit auf
ich esse die Farben wie Früchte
und Matisse ist ein Obstverkäufer der die Früchte des Kosmos verkauft

auch unser Abidin ist so einer ebenso wie Avni und Levni
Bauwerke Plätze Farben die man durch das Mikroskop oder von der Luke
    eines Raumschiffs aus sieht auch ihre Dichter Maler und Musiker
Abidin malt das Bild des Sturms auf einem Platz
    von hundert mal sechzig
so wie ich im Wasser die Fische sehe wie ich die Fische fangen kann
    so kann ich auf Abidins Leinwand
    hinter den Zeiten herjagen die wirr durcheinanderfließen
und die Seine gleicht einer Mondscheibe
eine junge Frau schläft darauf
wie oft habe ich sie verloren wie oft wiedergefunden und
    wie oft werde ich sie noch verlieren und wiederfinden
ja so ist es so ist es mein Mädchen ein Stück meines Lebens ließ ich
    von der Saint-Michel-Brücke in die Seine fallen
ein Stück meines Lebens wird an Monsieur Dupont's Angel anbeißen
    eines Morgens wenn die Helligkeit herabrieselt
Monsieur Dupont wird es aus dem Wasser ziehen zusammen mit dem
    und nicht wissen wofür er es halten soll [blauen Konterfei von Paris
    weder für einen Fisch noch für einen alten Schuh
Monsieur Dupont wird es zurückwerfen zusammen mit dem Konterfei
    das Konterfei wird an seiner alten Stelle bleiben [von Paris
mit der Seine wird ein Stück meines Lebens zum

mezarlığına ırmakların
damarlarımda akan kanın hışırtısıyla uyandım
parmaklarımın ağırlığı yok
parmaklarım ellerimle ayaklarımdan kopup havalanacaklar
salına salına dönecekler başımın üstünde
sağım yok solum yok yukarım aşağım yok
Abidin'e söylemeli de resmini yapsın Beyazıt Meydanı'nda
şehit düşenin ve Gagarin yoldaşın ve daha adını sanını
kaşını gözünü bilmediğimiz Titof yoldaşın ve ondan
sonrakilerin ve tavan arasında yatan genç kadının
Küba'dan döndüm bu sabah
Küba meydanında altı milyon kişi akı karası sarısı melezi
ışıklı bir çekirdek dikiyor çekirdeklerin çekirdeğini
güle oynaya
sen mutluluğun resmini yapabilir misin Abidin
işin kolayına kaçmadan ama
gül yanaklı bebesini emziren melek yüzlü anneciğin resmini
değil
ne de ak örtüde elmaların
ne de akvaryumda su kabarcıklarının arasında dolanan
kırmızı balığınkini
sen mutluluğun resmini yapabilir misin Abidin
1961 yazı ortalarında Küba'nın resmini yapabilir misin
çok şükür çok şükür bugünü de gördüm ölsem de gam
yemem gayrının resmini yapabilir misin üstat
yazık yazık Havana'da bu sabah doğmak varmışın resmini
yapabilir misin
bir el gördüm Havana'nın 150 kilometre doğusunda deniz
kıyısına yakın bir duvarın üstünde bir el gördüm
ferah bir türküydü duvar
el okşuyordu duvarı
el altı aylıktı okşuyordu boynunu anasının
on yedi yaşındaydı el ve Mariya'nın memelerini okşuyordu
avucu nasır nasırdı ve Karayip denizi kokuyordu
yirmi yaşındaydı el ve okşuyordu boynunu altı aylık
oğlunun

großen Friedhof der Flüsse fließen
mit dem Rauschen meines Blutes in den Adern erwachte ich
meine Finger sind ohne Schwere
meine Finger und Zehen werden sich von den Händen den Füßen lösen und
über mir ihre Runden drehen gemächlich [sich in die Luft erheben
nichts um mich herum weder rechts noch links weder oben noch unten
Abidin muß man sagen daß er ein Bild malen soll von dem am Beyazıt
Gefallenen vom Genossen Gagarin und vom Genossen Titow [Meydanı
dessen Name und Gesichtszüge wir noch nicht kennen und das der
nach ihm Kommenden und der jungen Frau die unter dem Dach schläft
heute morgen kam ich aus Kuba zurück
auf dem Kuba-Platz pflanzen sechs Millionen Menschen Weiße Schwarze
einen leuchtenden Kern den Kern der Kerne [Gelbe Mischlinge
tanzend voller Freude
kannst du das Glück malen Abidin
aber ohne dir die Sache zu einfach zu machen
nicht das Bild der Mutter mit dem Engelsgesicht
die ihr rotwangiges Kind stillt
noch das der Äpfel auf weißer Decke
auch nicht das des roten Fisches der im Aquarium
durch die Wasserperlen schwimmt
kannst du das Glück malen Abidin
kannst du Kuba im Hochsommer 1961 malen
zum Glück zum Glück habe ich auch das Heute erlebt sollte ich sterben
so brauche ich mich nicht mehr zu grämen kannst du das malen Meister
kannst du das Bild malen von schade schade heute morgen
in Havanna zur Welt gekommen zu sein
ich habe eine Hand gesehen 150 Kilometer östlich von Havanna
auf einer Mauer unweit vom Strand habe ich eine Hand gesehen
die Mauer war ein fröhliches Lied
die Hand streichelte die Mauer
die Hand war sechs Monate alt und streichelte den Hals seiner Mutter
sie war siebzehn die Hand und streichelte Marias Brüste
die Handfläche war schwielenübersät und roch nach Karibischem Meer
die Hand war zwanzig und streichelte den Hals des sechs Monate alten
Sohnes

yirmi beş yaşındaydı el ve okşamayı unutmuştu çoktan
otuz yaşındaydı el ve Havana'nın 150 kilometre doğusunda
    deniz kıyısında bir duvarın üstünde gördüm onu
okşuyordu duvarı
sen el resimleri yaparsın Abidin bizim ırgatların demircilerin
    ellerini
Kübalı balıkçı Nikolas'ın da elini yap karakalem
kooperatiften aldığı pırıl pırıl evinin duvarında okşamaya
    kavuşan ve okşamayı bir daha yitirmeyecek Kübalı
    balıkçı Nikolas'ın elini
kocaman bir el
deniz kaplumbağası bir el
ferah bir duvarı okşayabildiğine inanamayan bir el
artık bütün sevinçlere inanan bir el
güneşli denizli kutsal bir ell
Fidel'in sözleri gibi bereketli topraklarda şekerkamışı
    hızıyla fışkırıp yeşerip ballanan umutların eli
1961'de Küba' da çok renkli çok serin ağaçlar gibi evler
    ve çok rahat evler gibi ağaçlar diken ellerden biri
çelik dökmeğe hazırlanan ellerden biril
mitralyözü türküleştiren türküleri mitralyözleştiren el
yalansız hürriyetin eli
Fidel'in sıktığı el
ömrünün ilk kurşun kalemiyle ömrünün ilk kâadına
    hürriyet sözcüğünü yazan el
hürriyet sözcüğünü söylerken sulanıyor ağızları Kübalıların
    balkutusu bir karpuzu kesiyorlarmış gibi
ve gözleri parlıyor erkeklerin
ve kızlarının eziliyor içi dokununca dudakları hürriyet
    sözcüğüne
ve koca kişileri en tatlı anılarını çekip kuyudan yudum
    yudum içiyor
mutluluğun resmini yapabilir misin Abidin
hürriyet sözcüğünün resmini ama yalansızının
akşam oluyor Paris'te
Notr Dam turuncu bir lâmba gibi yanıp söndü ve Paris'in

fünfundzwanzig war sie und hatte schon längst das Streicheln vergessen
die Hand war dreißig Jahre alt und ich sah sie 150 Kilometer östlich
von Havanna auf einer Mauer unweit vom Strand
sie streichelte die Mauer
du malst Hände Abidin die Hände unserer Landarbeiter
unserer Schmiede
zeichne doch auch mit Kohle die Hand des kubanischen Fischers Nicolás
die innerhalb der Mauern des schmucken Hauses das ihm die
[Genossenschaft gab
das Streicheln lernte und es nicht mehr lassen kann diese Hand
des kubanischen Fischers Nicolás
diese riesige Hand
eine Hand wie eine Meeresschildkröte
eine Hand die nicht zu glauben vermag daß sie eine fröhliche
[Mauer streicheln kann
eine Hand die endlich an alle Freuden glaubt
eine sonnige Hand an das Meer erinnernde heilige Hand
eine Hand der Hoffnungen die auf fruchtbaren Böden mit der
[Schnelligkeit
des Zuckerrohrs wie Fidels Worte hervorschießen grünen zu Honig
[werden
eine der Hände die 1961 in Kuba Häser aufstellten
die vielfarbigen kühlen Bäumen glichen und behaglichen Häusern
[ähnelnde Bäume
eine der Hände die sich anschickten Stahl zu gießen
eine Hand die das Maschinengewehr zu einem Lied und das Lied zu einem
[Maschinengewehr macht
die Hand der unverlogenen Freiheit
die Hand die Fidel drückt
die Hand die mit dem ersten Bleistift ihres Lebens auf das erste Papier
ihres Lebens das Wort Freiheit schreibt
wenn sie das Wort Freiheit sprechen läuft den Kubanern das Wasser
im Mund zusammen als hätten sie eine honigsüße Wassermelone
[aufgeschnitten
und die Augen der Männer leuchten
und die Mädchen werden sinnlich wenn ihre Lippen das
Wort Freiheit berühren
und die Alten ziehen ihre süßesten Erinnerungen aus
dem Brunnen und trinken sie Schluck für Schluck
kannst du das Glück malen Abidin
ein Bild des Wortes Freiheit aber ein unverlogenes
es wird Abend in Paris
Notre-Dame ging an und aus wie eine orangefarbene Lampe und

bütün eski yeni taşları turuncu bir lamba gibi yanıp
söndü
bizim zanaatları düşünüyorum şiirciliği resimciliği çalgıcılığı
filân düşünüyorum ve anlıyorum ki
bir ulu ırmak akıyor insan eli ilk mağarayı ilk bizonu
çizdiğinden beri
sonra bütün çaylar yeni balıkları yeni su otları yeni tatlarıyla
dökülüyor onun içine ve kurumayan uçsuz bucaksız
akan bir o'dur.
Paris'te bir kestane ağacı olacak
Paris'in ilk kestanesi Paris kestanelerinin atası
İstanbul'dan gelip yerleşmiş Paris'e Boğaz sırtlarından
hâlâ sağ mıdır bilmem sağsa iki yüz yaşında filân olmalı
gidilp elini öpmek isterdim
varıp gölgesinde yatsak isterdim bu kitabın kâadını
yapanlar yazısını dizenler nakışını basanlar bu kitabı
dükkânında satanlar para verip alanlar alıp da
seyredenler bir de Abidin bir de ben bir de bir saman
sarısı belâsı, başımın.

Tiren, Varşova-Krakof-Pırağ-Moskova-Paris-Havana-Moskova 1961

all die alten neuen Steine von Paris leuchteten wie eine orangefarbene
auf und verlöschten [Lampe
ich denke an unser Handwerk die Dichtkunst die Malerei die Musik
und so fort und es wird mir klar daß
ein mächtiger Fluß fließt seitdem eine Menschenhand in die erste Höhle
den ersten Bison gezeichnet hat
dann ergießen sich alle Bäche mitsamt ihren neuen Fischen den neuen
[Wasserpflanzen
den neuen Geschmacksrichtungen in ihn und er ist der einzige der
nicht austrocknet und endlos weiterfließt
in Paris muß es einen Kastanienbaum geben
die erste Kastanie von Paris ein Urahn der Pariser Kastanien
sie kam aus Istanbul von den Hängen des Bosporus und ließ sich in Paris
[nieder
ob sie noch immer am Leben ist weiß ich nicht wenn ja müßte sie etwa
[zweihundert Jahre alt sein
ich möchte zu ihr gehen und ihr die Hand küssen
ich möchte daß wir hingehen und uns in ihren Schatten legen
wir alle die das Papier dieses Buches herstellen seine
Schrift setzen seine Ornamente drucken dieses Buch
in Laden verkaufen es für Geld kaufen es kaufen
und betrachten auch Abidin auch ich auch eine Strohblonde mein
[Plagegeist

Im Zug Warschau-Krakau-Prag-Moskau-Paris-Havanna-Moskau, 1961

Havana Röportajı

I

Pırağ-Havana uçağı Küba bale takımını bekliyor
sosyalist şehirlerde dansettiler altı ay
sıcak denizlerdeki adalardan çığlıklarla kalkan renkli
    kuşlardılar
alışamadım bir türlü
uçak yerden kesilirken kazaların çeşidi gelir aklıma hele
    kemeri bağlarken

katkısız mavideyiz
Moskovalı bir kızcağız oturuyor yanımda jeolog
ufacık tefecik de şipşirin de gökgözlü bir bal damlası
Küba Ural'dan biraz gençtir diyor
                                    iki milyon yıl daha genç
                                    ama toprakaltı zenginliği
    bin bir gece definesi Ural'ınki gibi
toprağın altında dolaşıyorum köklere kemiklere çarpıyor
    başım madenler yığın yığın renk renk pırıldıyor
    karanlıkta

bizimkiler petrol arıyor Atlantiğin dibindeki Küba
    toprağında diyor
burgular deliyor denizin dibini sallanan uzun otların
    arasında ve balıklar patlak gözlü göbekli diken diken
    balıklar çarpıyor dalgıç başlığımın camına
bulacağız diyor Küba petrolsüz edemez bulacağız
petrolü bulacaklar güvenim var ama Nataşacık sıcaklara
    nasıl dayanır
Kazakistan'da iki yıl çalıştım diyor ısı kırkbeş kırksekiz
    ilerimde mühendisler Bakülü Brünolu Peşteli
    Varşovalı Pekinli Vaymarlı
çelik dökmek istiyor Fidel Kastro tıropik güneşleriyle

Reportage aus Havanna

I

das Flugzeug Prag-Havanna wartet auf die kubanische Balletttruppe
sechs Monate lang tanzten sie in den sozialistischen Städten
glichen bunten Vögeln die sich schreiend von Inseln in warmen Meeren
    in die Lüfte schwingen
ich konnte mich irgendwie nicht daran gewöhnen
wenn das Flugzeug abhebt kommen mir allerlei Unfälle in den Sinn
    besonders beim Anschnallen

wir sind von reinem Blau ungeben
ein Moskauer Mädchen sitzt neben mir Geologin
ein ebenso zierlicher wie hübscher Honigtropfen mit himmelblauen Augen
Kuba ist etwas jünger als der Ural meint sie
                zwei Millionen Jahre jünger
                aber sein Reichtum liegt unter der Erde
    ein Schatz aus Tausendundeiner Nacht wie der des Urals
ich laufe unter der Erde umher mein Kopf stößt gegen Wurzeln
    an Knochen die Minerale in Hülle und Fülle funkeln im Dunkel
    in allen Farben

die Unsrigen suchen auf kubanischem Boden auf dem Grund des
    Atlantik nach Erdöl meint sie
die Bohrer bohren sich in den Meeresgrund durch wogende lange Gräser
    und dickbauchige stachelbesetzte Fische mit Glotzaugen
    hindurch die Fische stoßen gegen das Glas meines Taucherhelms
wir werden fündig meint sie Kuba kann ohne Erdöl nicht leben wir werden
                                        [fündig
sie werden Erdöl finden das glaube ich schon doch wie wird die kleine
    Natascha die Hitze aushalten
ich habe zwei Jahre in Kasachstan gearbeitet meint sie es hatte fünfundvierzig
    bis achtundvierzig Grad vor mir Ingenieure aus Baku Brno
    Budapest Warschau Beijing und Weimar
Stahl gießen will Fidel Castro mit der tropischen Sonne

yağan yağmurlar gibi çeliği dökmek
kurtulmak istiyor Fidel şekerin zındanından

altımızda Avrupa ama Küba bale takımı saatlarını bağrışa
çağrışa Havana saatına göre ayarladı
evlerinin serin taşlıklarına girdiler koşa koşa
bense bir türlü akıl erdiremiyorum gündüzü mü kovalıyoruz
geceyi mi
uzalıyor mu ömrümüz
kısalıyor mu
görüyorum Avrupa kıyılarının çizgisini geçiyoruz
çizgi köpük içinde
görüyorum Atlantiğin üstündeyiz
içimde bir garipseme
büyük toprağımdan ilk kopuşum bu

Okyanus'ta pupa yelken kalyonlar yüzüyor kendilerinden
iri yel güllerinin ve deniz kızlarının arasında
ve ceylan derisine çizilmiş hartaların uzaklara
çağrışı karışıyor içimdeki garipsemeye

ortalık ufuksuz
mavi morardı karardı
elleri kancadan ve tek gözleri tepelerinde ve de çok zalim
birtakım yaratığın egemenlik ettiği çok küçük bir
yıldıza indi uçağımız geceleyin
geceleyin uçağımız Santa Mariya adasına indi altı saatlık
bir uçuştan sonra
Portekizce konuşuluyor
Angola'yı düşündüm
San Salvator do Kongo'ya yakın kahve pılantasyonlarında
başlayıp yayıldı ayaklanmalar
yedi haftada bu hayvanların otuz binini öldürdük gelecek
ay yüz bin daha öldüreceğiz yağmurlar hele bir dinsin
Portekizli subay Luanda'da böyle konuştu

Stahl gießen als ob Regen herabfließt
befreien will Fidel sich vom Kerker des Zuckers

unter uns Europa doch die kubanische Balletttruppe stellte
lautstark die Uhren bereits auf Havanna-Zeit um
sie eilten in die kühlen Dielen ihrer Häuser
ich meinerseits komme nicht dahinter ob wir dem Tag hinterherrennen
oder der Nacht
ob unser Leben sich verlängert
oder verkürzt
ich sehe daß wir die Küstenlinie Europas überqueren
sie liegt unter Schaum
ich sehe daß wir über dem Atlantik sind
ein sonderbares Gefühl macht sich in mir breit
meine große Erde verlasse ich zum ersten Mal

auf dem Ozean schwimmen Galeonen mit vollen Segeln durch
Windrosen größer als sie selbst und Meerjungfern hindurch
und der Ruf der auf Gazellenhaut gezeichneten Landkarten
der in die Ferne lockt vermischt sich mit dem sonderbaren Gefühl in mir

rings um uns nirgends ein Ufer
das Blau ging in Violett über wurde dunkler
unser Flugzeug landete nachts auf einem winzigen Stern
der von einer Anzahl sehr grausamer Wesen mit Hakenhand
und einem einzigen Auge am Kopf beherrscht wird
nachts landete unser Flugzeug nach einem sechsstündigen Flug
auf der Insel Santa Maria
man spricht portugiesisch
ich dachte an Angola
in den Kaffeeplantagen rings um San Salvador do Kongo brachen
Aufstände aus verbreiteten sich
in sieben Wochen haben wir dreißigtausend dieser Tiere getötet im nächsten
Monat töten wir noch einmal einhunderttausend sobald die Regenzeit
so sprach der portugiesische Offizier in Luanda [zu Ende geht

ay doğarken havalandı uçağımız
Santa Mariya aşağıda denizin orta yerinde eli böğründe
    kalakaldı
boyası artık yitirilmiş, eski bir şamandıranın kederi
    çalkalanıyor Atlantiğin sularında ayışığında

uyudum
uyandım
tanımadığım yıldızlarla dolu ortalık
hızla da ağarıyor yıldızlar
Küba bale takımının kızları saçlarını tarıyor sürme çekiyor
    boyuyor dudaklarını ve sabah mahmurlukları
    bu sımsıkı kapalı daracık yerde bir limonluk
    baygınlığıyla olgunlaştırıyor onları

güneş doğdu
aşağıda derinlikler koyu lâcivertten açık yeşile
mercan adaları korkunç yılanlar gibi büklüm büklüm
    uzanıyor camgöbeği aydınlığın üstünde

Küba kıyıları koylarıyla göründü
koylar gümüş leğenler gibi yan yana dizili
Küba koylarının suları rahattır ve bütün denizlerde yüzen
    bütün gemileri
aynı gün aynı gece barındırabilir
biliyorum bir cennet yemişidir Küba adası Meksika
    körfezinin sepetinde yılan yoktur Küba'da
    akrepleri de ağulu değil
vahşi hayvan da yok Sapata bataklıklarındaki timsahları
    saymazsan boyları da yedi metreye kadar
    arkalarına geçip sopayı indirdin mi işleri tamam
bir de köpek balıkları Kohimar kayalıklarında
bir portakal çekirdeği atarsın terli sıcak toprağına
    sabahleyin Küba'nın bir portakal bahçesi bulursun
    akşam üstü

unser Flugzeug hob ab als der Mond aufging
Santa Maria blieb inmitten des Meeres unter uns
    hilflos zurück
die Trübsal einer alten Boje deren Farbe schon abgeblättert war
    schwankte in den mondbeschienenen Gewässern des Atlantik hin und her

ich schlief ein
wachte wieder auf
rings um uns mir unbekannte Sterne
die im Nu an Helle zunehmen
die Mädchen der kubanischen Balletttruppe kämmen sich schminken sich
    Augen und Lippen und ihre morgendliche Trägheit
    macht sie auf diesem eng umgrenzten Raum so
    reif wie die Schwüle einer Orangerie

die Sonne ging auf
unten die Tiefe von dunkelblau bis hellgrün
die Koralleninseln liegen auf einer grünlichblauen Helle
    wie zusammengeringelte schreckeneinflößende Schlangen

die Strände Kubas und ihre Buchten tauchten auf
die Buchten reihen sich wie silberne Waschschüsseln aneinander
Kubas Gewässer sind ruhig und können all die Schiffe
    die überall die Meere befahren
am selben Tag in der selben Nacht aufnehmen
ich weiß die Insel Kuba ist eine Paradiesfrucht im Korb
    des Golfes von Mexiko liegt keine Schlange in Kuba
    sind auch die Skorpione nicht giftig
sieht man einmal ab von den Krokodilen in den Sümpfen von Zapata
    die sieben Meter lang werden so gibt es hier kein Raubtier
    schlägt man von hinten auf sie ein so haben sie bald ausgespielt
außerdem gibt es Haie an den Klippen von Caibarien
wirfst du morgens einen Orangenkern in die schwitzende
    warme Erde Kubas findest du dort am Abend einen
    Orangenhain wieder

hikâye insanoğlu üstüne insanoğlunun gençliği umutları
üstüne
hikâyeyi benden güzel anlattılar benden güzel anlatacaklar
hikâyeyi dost düşman işitmeyen kalmadı

Batista kulluğundaydı Şehmeran'ın
şeker kamışı milyonerlerinin Yankisinin de yerlisinin
de ve tütün ve kahve milyonerlerinin Yankisinin de
yerlisinin de ve tanklı uçaklı elli binlik bir ordunun ve
de yiğitleri hadım ettikten ve de gözlerini oyduktan
sonra döve döve öldüren kışlaların ve önlerinde
sırtüstü cesetler çürüyen karakol kapılarının ve her
gece karakol duvarlarını yırtıp dışarı fırlayarak sıcak
karanlıklarda kanlı kuşlar gibi çırpınan çığlıkların ve
frankist papazların ve kumarhanelerin ve de eroin
toptancılarının ve gangsterlerin Yankisinin de
yerlisinin de ve orospuların yalnız bir Havana'da on beş
bin ve karaya vurmuş bir köpek balığı gibi çürüyenin
ve baygın ağır çiçek kokularıyla karışık leş kokusunun
generali Batista tümü altı milyon nüfusunun dört
milyonu aç ve yüz bini verem ve Yankilere son on yılda
bir milyar dolardan çok kâr getiren Küba'da
Birleşik Amerika Devletleri elçisinin Birleşik Amerika
Devletleri kara hava ve deniz kuvvetinin Birleşik
Amerika Devletleri dolarının yıllardır kulluğundaydı
956'nın Kasımında Fidel de içlerinde 82 kişi Granma
gemisinden denize indi
956'nın Kasımında Küba kıyılarına sokulan Granma
gemisinin denize inip yarı bellerine kadar suya
gömülü ve silâhlarını başlarının üstüne tutarak ve
ansızın ve bir anda açılan top ve mitralyöz ateşi altında
karaya çıkıp ve karanlıkları polis köpekleri gibi
koklayan araştıran ışıldaklardan sakınarak ve
sarıldınız teslim olun seslerini ve iri kurbağaları
çiğneyip bataklıklara ve şeker kamışı tarlalarına dalarak
ve palmiyelerle hindistancevizi ağaçlarının ardı sıra
tepeleri tırmananlar Sierra dağında buluştu

die Geschichte dreht sich um den Menschensohn um seine Jugend
um seine Hoffnungen
andere haben sie schöner erzählt als ich werden sie schöner erzählen
ob Freund ob Feind niemand der sie nicht gehört hätte

Batista war der Lakai des Schlangenkönigs
Batista der General der Zuckerrohrmillionäre auf seiten der Yankees und
der Einheimischen und der Tabak- und Kaffeemillionäre bei den Yankees
und den Einheimischen und einer fünfzigtausend Kopf zählenden Armee
mit Tankern und Flugzeugen und der Kasernen in denen man die Tapferen
kastrierte ihnen die Augen ausstach und sie dann zu Tode prügelte
und der Türen der Polizeireviere vor denen rücklings die Leichen
verwesten und der Schreie die allnächtlich die Mauern
des Polizeireviers zerrissen sich nach draußen stürzten und
im heißen Dunkel wie blutige Vögel zappelten und
der Franziskaner und der Spielhöllen und der Heroingroßhändler und
der Gangster unter den Yankees und den Einheimischen und der allein
in Havanna fünfzigtausend Huren und des Verwesenden der einem
gestrandeten Hai gleicht und schließlich des Kadavergestanks
der sich mit dem schweren Duft der Blumen vermischte von den insgesamt
sechs Millionen Einwohnern Kubas leiden vier Millionen an Hunger
und Hunderttausende an Tuberkulose und Kuba das den Yankees in den
letzten zehn Jahren mehr als eine Milliarde Dollar Profit einbrachte
ist seit Jahren ein Lakai des Botschafters der Vereinigten Staaten
von Amerika des Heeres der Luftwaffe der Marine der USA und seines
[Dollars
im November 1956 gingen 82 Leute darunter Fidel vom Boot Granma
aus an Land
jene die sich im November 1956 vom Boot Granma das sich an die Strände
[Kubas
heranschlich ins Meer stiegen bis zur Hüfte im Wasser wateten
das Gewehr über dem Kopf hielten und schließlich in dem Augenblick
als der Kanonen- und Maschinengewehrbeschuß einsetzte
an Land gingen und vor den Scheinwerfern Schutz suchten die wie
Polizeihunde schnuppernd die Dunkelheit ausspähten und unter
den Rufen ihr seid umzingelt ergebt euch riesige Frösche
zertretend im Sumpf und in den Zuckerrohrfeldern untertauchten
und hinter den Palmen und Kokosnußbäumen die Hügel
erklommen trafen sich in der Sierra Maestra

Fidel de içlerinde 82'nin 12'si sağ kalmıştı
Fidel de içlerinde 12 kişiydiler 56'nın Kasımında
Fidel de içlerinde 150 kişiydiler Aralığında 56'nın
Fidel de içlerinde 500 kişiydiler Şubatında 57'nin
Fidel de içlerinde 1000 oldular 5000 oldular Fidel de içlerinde
    Fidel de içlerinde bir milyon yüz milyon bütün
    insanlık oldular yıktılar Batista'yı 959'un Ocağında ve
    50 binlik orduyu ve şekerkamışı milyonerlerini yerlisini
    de Yankisini de ve tütün ve kahve milyonerlerinin
    yerlisini de Yankisini de ve kışlaları ve önlerinde
    cesetler çürüyen karakolları ve eroin toptancılarını ve
    kumarhaneleri ve Birleşik Amerika Devletleri elçisini
    ve Birleşik Amerika Devletleri hava deniz ve kara
    kuvvetlerini ve Birleşik Amerika Devletleri dolarını
    ve Küba'nın havasında ağır çiçek kokularına karışık
    leş kokusu dağıldı yani Birleşik Amerika Devletleri
    korkusu

Havana'ya yaklaşıyoruz dedi hostes
palmiyeler palmiyeler diye haykırdı birisi
                                        anne anne diye haykırıyor sandım
Küba bale takımı lumbuzların camlarında kocaman
    kelebekler gibi çırpınıyor
tümü on sekiz saatlik bir uçuştan sonra toprağa betona
    değil aydınlığa inip konduk
aydınlığın içinde gördüm onları aydınlıkta sarmaş dolaş
    üç kişiydiler iki erkek bir kadın
biri sakallı
gençtiler
hangisi ak hangisi melez hangisi kara seçemedim
sakallısı ak mı kara mı melez mi seçemedim
seçemedim kadın kara mıydı ak mıydı melez miydi
gözleri birbirine öylesine benziyordu ki her şeyleri de
    öylesine gözlerindeki derilerinin renklerini birbirinden
    ayırdetmek olmuyor
zaten bu eritip dağıtıp yuğurup yaratan güneşte kanlar ve

von 82 hatten 12 darunter auch Fidel überlebt
12 Leute darunter auch Fidel waren es im November 56
150 Leute darunter auch Fidel waren es im Dezember 56
500 Leute darunter auch Fidel waren es im Februar 57
1000 Leute darunter auch Fidel wurden es 5000 wurden es darunter
auch Fidel eine Million unter Millionen darunter auch Fidel
eine ganze Menschheit wurde es darunter auch Fidel sie stürzten
Batista im Januar 1959 und die 50tausend Mann starke Armee
und die Zuckerrohrmillionäre der Einheimischen und der Yankees
und die Tabak- und Kaffeemillionäre der Einheimischen und der Yankees
und die Kasernen und die Polizeireviere mit den verwesenden Leichen
davor und die Heroingroßhändler und die Spielhöllen und der Botschafter
der Vereinigten Staaten von Amerika und die Luftwaffe die
Marine und das Heer der Vereinigten Staaten und der Dollar der
USA und der in Kubas Luft sich mit dem schweren Duft der
Blumen vermischende Kadavergestank lösten sich auf und damit
also auch die Angst vor den Vereinigten Staaten

wir nähern uns Havanna sagte die Stewardeß
die Palmen die Palmen schrie jemand
sie schreit Mutter Mutter dachte ich
die kubanischen Ballerinen flattern wie riesige Schmetterlinge
vor den Fensterluken
nach einem insgesamt achtzehnstündigen Flug traten wir nicht auf die Erde
den Boden sondern in das Licht
ich sah sie mitten im Licht sie hielten das Licht umschlungen
es waren drei Leute zwei Männer eine Frau
einer trug einen Bart
sie waren jung
wer von ihnen weiß wer Mestize wer schwarz war konnte ich nicht erkennen
ob der mit Bart weiß schwarz oder Mestize war konnte ich nicht erkennen
ich konnte nicht erkennen ob die Frau weiß schwarz oder Mestizin war
ihre Augen glichen einander sehr alles an ihnen ähnelte sich so daß
man die Hautfarbe in ihren Augen nicht voneinander
unterscheiden konnte
ohnehin sind unter dieser Sonne die schmilzt zerteilt knetet und erschafft

deriler birbirine karışmış türküler ve oyunlar gibi
üçü de soluk mavi gömlekli nefti pantolonluydu
kemerlerinde sapları işlemeli tabancalar ellerinde
mitralyözler
birisi de beresini derleyip apoletinin altına sokmuş
akı mı karası mı melezi mi seçemedim
sonradan onlara günün gecenin her saatında en olmadık
yerde rastladım kimi kere kamyonlar dolusuydular
kimi kere bir kişi
bir keresinde Yazarlar Birliği Sarayı'nın kapısında
nöbetçiydiler
iki kız on dörder yaşında
Küba kızları bizim Anadolu kızları gibi tez büyüyor
mitralyözleri ateşe hazır
ve yeşil bereleri kara kaşlarına eğik azıcık

bir keresinde kıvır kıvır ak saçlı bir zenciydi dev gibi
ve bankanın kapısına yaslanmıştı
ve mitralyözü yerde açık bacaklarının arasında
bir keresinde şiirlerimi okudu televizyonda tabancasını
belinden çıkarmadan
Küba'nın en büyük aktrisiydi

Ak bir Kadillakla girdik Havana'ya
otomobilin böylesine ömrümde ilk biniyorum
araba değil okyanus
milyoneri Miyami'ye kaçmış
çarın tahtı geldi aklıma
on dokuzumda Kremlin'de üstüne oturup resim
çektirdimdi
kılıflıydı

Blut und Haut wie ineinander übergehende Lieder und Tänze
alle drei trugen hellblaue Hemden ölfarbene Hosen
an ihren Gürteln Pistolen mit verziertem Knauf in den Händen
Maschinengewehre
und einer hatte sein zusammengefaltetes Barett unter seine Schulterklappe
ob er weiß schwarz oder Mestize war konnte ich nicht erkennen [gesteckt
später begegnete ich ihnen zu jeder Tages- und Nachtzeit an
allen möglichen Orten manchmal ganzen Lastwagen voll
manchmal auch nur einer einzigen Person
einmal hielten sie Wache vor dem Eingang zum Palast
des Schriftstellerverbandes
zwei Mädchen von jeweils vierzehn Jahren
die kubanischen Mädchen wachsen schnell wie unsere anatolischen
ihre Maschinengewehre sind schußbereit [Mädchen
und die grünen Baretts sitzen schräg über ihren schwarzen
[Brauen
einmal war es ein Hüne von einem Schwarzen mit weißem Kräuselhaar
der sich an die Tür einer Bank lehnte
und sein Maschinengewehr lag zwischen seinen gespreizten Beinen am Boden
einmal trug eine am Fernsehen meine Gedichte vor ohne die
Pistole vom Gürtel zu nehmen
es war die größte Schauspielerin Kubas

in einem weißen Cadillac fuhren wir in Havanna ein
in so einem Auto saß ich zum ersten Mal in meinem Leben
kein Auto vielmehr ein Ozean
sein Millionär war angeblich nach Miami geflohen
ich mußte an den Thron des Zaren denken
zu meinem neunzehnten nahm ich im Kreml
darauf Platz und ließ mich photographieren
er war bezogen

II

vıcık vıcık terli bir ten fanilası gibi yapışıyor sırtıma sıcak
otelin 24'üncü katından bakıyorum şehre gece vaktı
içine güneş vurmuş bir deniz gibidir gördüğüm
sarı mavi turuncu yeşil balıkların ışıltısı kıvıl kıvıl
ve dev böcekler ak sedefleriyle
ve yarı hayvan yarı bitki uzun tüylü kırmızı çiçekleriyle
    kayalar
otelin 24'üncü katından dinliyorum şehri gece vaktı
şehir türkülere gömülü
toprağın taşın yaprağın içinde türküler
türküler titreyen sıcak gibi toprağın taşın yaprağın içinde
havanın içinde azot filan gibi türküler
türküler yemişlerin kabuğu eti çekirdeği
çiçeklerin kokusu türküler
türküler İspanya Arabistan Afrika
türküler gözlerinde ve kalçalarında kadınların
türküler erkeklerin sıcak elleri
türküler oyunların ayakları belleri omuzları

asansörle iniyorum hole
asansörde köylü kızlar Oriente ilinden Bayamo
    köylüklerinden
şehre dikiş öğrenmeye gelmişler
Havana Libere (Hür Havana) otelinde duvarlarında
    milyonerlerden gölgeler kalmış apartımanlarda
    oturuyorlar
otelin eski adı Hilton
24 milyona çıkmış
asansörde köylü kızlar Bursa ilinden Ankara köylülerinden
kızlar İstanbul'da işiniz ne kızlar sizi nasıl bıraktılar
    Hilton'a
Hilton Hilton değil gayrı diyorlar Hür İstanbul'a çevrildi
    adı çoktan
ve gülüyorlar ağızlarını örtüp kınalı elleriyle

II

wie ein naßgeschwitztes Unterhemd klebte mir die Hitze am Körper
vom 24. Stock des Hotels blicke ich nachts auf die Stadt
was ich sehe gleicht einem Meer das die Sonne bescheint
Tupfen gelber blauer orangefarbener grüner Fische zucken
und riesige Käfer mit weißen Panzern
und die Klippen mit ihren langhaarigen roten Blüten halb Tier
halb Pflanze
vom 24. Stock des Hotels lausche ich nachts der Stadt
die Stadt ist in Lieder eingebettet
in der Erde dem Stein dem Blatt sind Lieder verborgen
die Lieder in der Erde dem Stein dem Blatt sind wie die flimmernde Hitze
wie der Stickstoff in der Luft sind die Lieder
sie sind wie die Schalen das Fleisch die Kerne der Früchte
sie sind der Duft der Blumen
die Lieder sind Spanien Arabien Afrika
sie sind in den Augen und Hüften der Frauen
die Lieder sind die warmen Männerhände
sind die Füße Taille Schultern der Tänze

mit dem Lift fahre ich hinunter in die Empfangshalle
im Lift stehen Bauernmädchen aus den Dörfern von Bayamo in der
Provinz Oriente
sie kamen in die Stadt um das Nähen zu lernen
im Hotel La Habana Libre (Freies Havanna) bewohnen sie die Apartments
an deren Wänden die Schatten der Millionäre
haften
das Hotel war das ehemalige Hilton
für 24 Millionen erbaut
im Lift stehen Bauernmädchen aus den Dörfern um Ankara aus der Provinz
[Bursa
Mädchen was sucht ihr in Istanbul Mädchen wie hat man euch nur ins
Hilton gelassen
Hilton heißt nicht mehr Hilton sagen sie man hat es in Freies Istanbul
umbenannt
und sie lachen den Mund mit den hennagefärbten Händen bedeckend

ağalarda kaçtı Amerikanla birlikte
ya toprak
bölüştük

holde İvanof'u gördüm Aleksey Vasilyeviç'i
meşin ceketini omzuna atmış
belinde nagant
ayaklarında çizmeler
sırma bıyıkları kaytan
Petrograt'ta Kışlık Saray'a nasıl girdiklerini anlatıyor
zenci nöbetçiye
Fidel Kastro'nun fotoğrafı altında
oysa 41'de öldü Aleksey Vasilyeviç savunurken Moskova'yı
41'de öldü Aleksey Vasilyeviç kır bıyıkları kana batık
kar yağıyor
kızaklar geçiyor Tiverskoy caddesinin tahta döşemesini
örten karları yol yol çizerek
Kafkaslı Alizade girdi hole lezginkası astıragan kalpağı
hançeri ve göğsünde gümüş başlı fişekleri bir de
Vırangel yadigârı hâlâ da sızlayan iki yarasıyla
ha desen başlayacak Şeyh Şamil dansına ve Havanalı
kızların ağızlarında kalacak parmakları
oysa Alizade'yi üç ay önce Bakü'de gördüm iki renkli Volga
otomobilinden indi kocalmış
zoru zoruna tanıdım

holde delegeler
dün gelenler Havana'ya
Arjantinli Şilili Ekvadorlu Brezilyalı İtalyan Hintli
Madagaskarlı Finlandiyalı Çekoslovakyalı
,Fransız Jan Piyer konuşuyor Martinik delegesiyle
oysa biliyorum Jan Piyer Madrid kapılarında öldü Hitler'in
tanklarıyla ezilip
oysa duruyor karşımda Jan Piyer yüzü genç bir elma gibi
kırışıksız
kızarmış da
soğuktan olacak
bu 1922 yılında Moskova'da soğuk sıfırın altında 27
bu 1961 yılında Havana'da sıcak sıfırın üstü 35

auch die Großgrundbesitzer flohen zusammen mit den Amerikanern
und den Boden
den teilten wir uns

in der Empfangshalle sah ich Iwanow den Aleksej Wasiliewitsch
die Lederjacke hatte er über die Schulter gelegt
am Gürtel eine Nagant
Stiefel an den Füßen
der silberne Schnurrbart lang
wie sie in Petersburg den Winterpalast erstürmten erzählt er
dem schwarzen Wächter
unter dem Photo Fidel Castros
doch starb Aleksej Wasiliewitsch 41 als er Moskau verteidigte
41 starb Aleksej Wasiliewitsch der graue Schnurrbart blutbesudelt
es schneit
Schlitten ziehen vorüber hinterlassen Spuren auf dem Schnee der den
Holzboden der Tiverskoj-Straße bedeckt
Alizade vom Kaukasus betrat die Empfangshalle mit seinem Lezginka dem
[Persianerkalpak
dem Dolch und den Patronen in Silberhüllen an der Brust
außerdem die zwei immer noch schmerzenden Wunden einer
[Erinnerung an Wrangel
sagst du los so beginnt er mit dem Scheich-Şamil-Tanz und die
Mädchen von Havanna sperren Mund und Nase auf
doch sah ich Alizade vor drei Monaten in Baku er stieg aus seinem
zweifarbigen Auto Marke Wolga aus war gealtert
nur mit Mühe erkannte ich ihn

in der Empfangshalle die Delegierten
die gestern nach Havanna kamen
Argentinier Chilenen Ecuadorianer Brasilianer Italiener Inder
Madegassen Finnen Tschechoslowaken
der Franzose Jean Pierre sprach mit dem Delegierten aus Martinique
ich weiß jedoch daß Jean Pierre vor den Toren Madrids starb von
Hitlers Panzern zermalmt
doch steht Jean Pierre vor mir sein Gesicht faltenlos wie ein
junger Apfel
und gerötet
vor Kälte wahrscheinlich
in diesem Jahr 1922 hat es in Moskau 27 Grad unter Null
in diesem Jahr 1961 hat es in Havanna 35 Grad über Null

III

dolaşıyorum Havana sokaklarını
asfaltla ağaçları birbirine karıştırıyorum
otomobillerle asfaltı birbirinden ayırdetmek olmuyor
        yağmurla güneşi
            ak bulutlarla masmavi yüzme havuzlarını
kadınlarla yemişleri birbirine karıştırıyorum
        çocuk bahçeleriyle hürriyeti
            hürriyetle bu şehrin insanlarını birbirinden
    ayırdetmek olmuyor
mitralyözlerle kapıları birbirine karıştırıyorum sütunlu
    sütunsuz demir tahta cam büyük küçük bütün sokak
    kapılarıyla mitralyözleri mitralyözleri
kum torbalarından barikatlarla Atlantiği birbirine
    karıştırıyorum
Amerikan uçak gemilerinin hayaletini gözleyen
    tanyerleriyle kum torbalarından barikatları
    birbirinden ayırdetmek olmuyor
köylü analarla Cumhurbaşkanı sarayını birbirine
    karıştırıyorum
Hoze Marti'nin anıtları haykelleri büstleriyle Fidel'in
    fotoğraflarını birbirine karıştırıyorum hele
    taş basma resimlerini
Fidel'le türküleri birbirine karıştırıyorum Enternasyonal
    marşıyla çaçaçayla paçangayla Fidel'i
            somos sosyalistas palante palante
bir alanda ard arda tek sıra dizilip ellerini birbirinin sırtına
    koyup rumba oynayan yüz bin kişiyle Fidel'i
    birbirine karıştırıyorum
    Fidel'le Havana'yı birbirinden ayırdetmek olmuyor
Marks'a raslıyorum kitap kapaklarında ananaslarla mameylerin
    arasında ve Sierra dağından yeni inmiş ulu
    sakalıyla Marks'a raslıyorum
Lenin'e raslıyorum her gün biraz daha sık raslıyorum
    Lenin'e güneşli duvarlardan minicik kızıl

III

ich schlendre durch die Straßen von Havanna
verwechsle den Asphalt mit den Bäumen
unmöglich Autos vom Asphalt zu unterscheiden
den Regen von der Sonne
die weißen Wolken von den tiefblauen Swimming-pools
ich verwechsle die Frauen mit den Früchten
unmöglich die Kindergärten von der Freiheit
die Freiheit von den Menschen dieser Stadt
zu unterscheiden
ich verwechsle die Maschinengewehre mit Türen ob mit ob
ohne Pfeiler all die Haustüren kleine große aus Eisen Holz Glas
die Maschinengewehre mit den Maschinengewehren
ich verwechsle die Barrikaden aus Sandsäcken
mit dem Atlantik
die Stelle des Sonnenaufgangs die das Phantom der amerikanischen
Flugzeugträger beobachtet von den Sandsäcken der
Barrikaden zu unterscheiden unmöglich
ich verwechsle die Dorfmütter mit dem Palast des
Staatspräsidenten
ich verwechsle die Denkmäler Statuen Büsten José Martís mit
den Photos von Fidel besonders mit den steinernen
Lithographien
ich verwechsle Fidel mit den Liedern das Kampflied
der Internationale mit dem Cha-Cha-Cha und dem Pachanga Fidel
mit somos sosialistas palante palante
ich verwechsle hunderttausend Menschen in einer Reihe stehend
die Hände einander auf die Schultern gelegt und sich im
Rumbaschritt wiegend mit Fidel
unmgölich Fidel von Havanna zu unterscheiden
ich begegne Marx auf Buchdeckeln inmitten von Ananas und Mamey
und ich begegne dem soeben vom Sierra Maestra
herabgestiegenen Marx mit seinem üppigen Bart
ich begegne Lenin jeden Tag begegne ihm noch etwas häufiger
umgeben von winzigen roten Sternen aus sonnigen Mauern

yıldızların ve İspanyolcanın içinde
yüksek tahta tribünde uzatmış kolunu ileriye konuşuyor
Kızıl Meydan'da Küba bayraklarının arasında
Lenin
Nikita'ya raslıyorum türkülerin kafiyesinde
ve takma köpek balığı dişleriyle Kenedi'ye raslıyorum
ambalaj kâatları parçalarına raslıyorum bankaların
fabrikaların filan kapılarına çivilenmiş
ve üzerlerinde Nacionalizado yazılı çoğu kere kırmızı
mürekkeple
ve köylülere raslıyorum
sağ ellerinde topraklarının tapuları ve kooperatif
cüzdanları sol ellerinde ve bir düşün içindeymişler
gibi halleri var
devrimin diktiği 50 milyondan çok ağaçla on binden
çok okulun kimisine raslıyorum
mimarlara raslıyorum
güneşten aydan yıldızlardan daha doğrusu çok ama çok
daha mutlu yaşanan bir dünyadan diyelim ki
yirmi birinci yüzyılımızın ortalarından gelen
ve bıyıkları yeni terlemiş mimarlara raslıyorum
bahçeler ve yapılar yapıyorlar ama insan gözünün
bugünedek yeryüzünün hiçbir yerinde görmediği
biçimlerle renklerle rahatlıklarla
yapılar hazır elbiseler gibi değil diyelim ki bir balıkçı
evi ev değil cevahir kutusu ötekine benzemiyor
meğerse ne kadar çok ne kadar da güzel ve de hemencecik
söylenecek sözleri varmış sosyalist devrim
mimarlarının Küba'da işçilere köylülere aydınlara
ve nasılda sıcağı serinliğe ve karanlığı aydınlığa
çevirmesini biliyorlar

işçilere raslıyorum
hiç kimse onlar gibi böylesine güvenle geçmedi
sokaklarından Havana Havana olalı beri
ve ben her gün biraz daha gencim Havana'da

und mitten im Spanischen
auf einer hohen Holztribüne spricht er mit ausgestrecktem Arm
auf dem Roten Platz unter kubanischen Fahnen
Lenin
ich begegne Nikita im Reim der Lieder
und ich begegne Kennedy mit seinem Haigebiß
ich begegne den Fetzen Packpapier an die Türen der Banken
der Fabriken und dergleichen genagelt
und meist dem mit roter Tinte geschriebenen nacionalizado
darauf
und ich begegne den Bauern
in der Rechten ihren Grundbrief und in der Linken
den Genossenschaftsausweis und sie schienen
wie im Traum
ich begegne manchen der mehr als 50 Millionen Bäume welche die
Revolution pflanzte und mancher der mehr als zehntausend Schulen
ich begegne den Architekten
ich begegne Architekten die von der Sonne dem Mond den Sternen besser gesagt
aus einer Welt kommen in der man glücklicher viel glücklicher lebt
sagen wir aus der Mitte unseres einundzwanzigsten Jahrhunderts
ihre Schnurrbärte sind noch neu
sie legen Gärten an errichten Bauten deren Formen Farben Anmut
nirgends auf der Erde
je ein menschliches Auge erblickte
die Bauten gleichen nicht Konfektionskleidern sagen wir ein Fischerhaus
ist kein Haus sondern ein Schmucketui hat nicht seinesgleichen
wie viele wie schöne und schnelle Worte hatten doch
die Architekten der sozialistischen Revolution in Kuba
für die Arbeiter Bauern Intellektuellen
und wie sie es verstehen die Hitze in Kühle das Dunkel in
Helligkeit zu verwandeln

ich begegne den Arbeitern
niemand ging auf den Straßen mit soviel Selbstvertrauen vorüber wie sie
seitdem Havanna Havanna heißt
und ich werde jeden Tag noch etwas jünger in Havanna

her gün biraz daha yitiriyor ağzım dünyanın acılığını
her gün biraz daha yumuşuyor çizgileri avuçlarımın
    ve çok uzaklardaki kadının beni ama yalnız beni
    düşündüğüne inanıyorum her gün biraz daha
ve her gün biraz daha keyifli türkü söyleyerek geçiyorum
    Havana sokaklarından
        somos sosyalistas palante palante

1961 yılında Havana'da başlanıp Moskova'da bitirildi.

jeden Tag verfliegt noch etwas mehr von der Bitterkeit der Welt in meinem
[Mund
jeden Tag werden die Linien meiner Handflächen noch etwas weicher
und jeden Tag glaube ich denkt die Frau in weiter Ferne
an mich aber nur an mich
und jeden Tag ziehe ich noch etwas fröhlicher und singend
durch die Straßen von Havanna
somos socialistas adelante adelante

1961 in Havanna begonnen, in Moskau beendet.

Yılbaşı Ağacı

. . . Finlandiya koyunun güneyinde geceleyin
dumanlı denize yakın
telli pullu bir yılbaşı ağacı
karanlık Gotik kulelerle Töton şövalyelerinin armaları
arasında ve fabrika bacalarıyla çevrili bir yılbaşı ağacı
bir yılbaşı ağacı karlı bir meydanda Estonya türküleri
söylüyor
telli pullu upuzun bir yılbaşı ağacı
sen kırmızı sırça topun içindesin
saçların saman sarısı kirpiklerin mavi
onu oraya ben astım seni içine koyup
ak boynun uzundur yuvarlaktır
kuşkularım kaygılarım sözlerim umutlarım ve okşayışlarımla
koydum seni sırça topun içine
bütün yılbaşı ağaçlarına bütün ağaçlara bütün balkonlara
pencerelere çivilere hasretlere astım kırmızı sırça
topu seni içine koyup
bağışla beni öleceğim seni bırakıp orada
Estonya en küçük sosyalist devleti
adam başına en çok şiir okuyan
en çok votka içen
ve otomobile motosiklete motorellere en çok meraklı
ve deri işleriyle mobilyasıyla ünlü
bir de otuz binlik korosuyla

. . . ölüm döşeğinde yatanın gözlerine bakamam utanırım
yaşamak ayıp bir şeymiş gibi gelir biri yanımda can
çekişirken
Lüsya ölüyor Moskova'da Antuzyastlar Caddesinde bilmem
kaç numrolu sağlıkevinde
yüzü eski tahta bir kaşık
eriyen kara karışıyor akşam karanlığı
ardarda kamyonlar geçiyor asfaltı sarsarak

Der Weihnachtsbaum

. . . nachts im Süden der finnischen Bucht
unweit des nebelverhangenen Meers
ein geputzter Weihnachtsbaum
mitten unter den finsteren gotischen Türmen und Wappen
der teutonischen Ritter von Fabrikschloten umstanden ein Weihnachtsbaum
ein Weihnachtsbaum singt auf einem verschneiten Platz
estnische Lieder
ein geputzter hoher Weihnachtsbaum
du bist in einer roten Glaskugel
die Haare strohblond die Wimpern blau
ich steckte dich hinein und hängte sie daran
dein weißer Hals lang und rund
mit meinen Zweifeln Sorgen Worten Hoffnungen und Zärtlichkeiten
steckte ich dich in die Kugel
an alle Weihnachtsbäume alle Bäume alle Balkone
Fenster Nägel alle Sehnsüchte hängte ich
die rote Kugel mit dir
verzeih mir ich werde dich dort lassen und sterben
Estland der kleinste sozialistische Staat
wo man pro Kopf die meisten Gedichte liest
den meisten Wodka trinkt
und sich am meisten für Autos, Motorräder, Mofas interessiert
und berühmt ist für seine Lederwaren und Möbel
außerdem für seinen Chor von dreißigtausend Personen

. . . ich kann dem im Sterbebett nicht in die Augen sehen ich schäme mich
mir erscheint das Leben als etwas Ungehöriges wenn einer neben mir
mit dem Tod ringt
Lucia stirbt in Moskau in der Entuziastov Šosse im Krankenhaus
wer weiß mit welcher Nummer
ihr Gesicht wie ein alter Holzlöffel
in den schmelzenden Schnee mischt sich das abendliche Dunkel
Lastwagen knattern einer nach dem andern über den Asphalt

Lüsya'dan vuran keder mi alnımı kırıştıran
kendi yakınlığım mı ölüme
bir yılbaşı ağacı karlı bir meydanda Estonya türküleri
söylüyor
telli pullu upuzun bir yılbaşı ağacı
bağışla beni öleceğim seni bırakıp içinde sırça topun
bu dünyada bir şey yaşıyor eşi emsâli görülmedik bir şey
ve benden başka kimse farkında değil onun
belki bir bitki bir hayvan bir söz bir maden bir ışın bir
mutluluk belki
belki bir yıldızdan düşmüş
bu dünyada bir şey yaşıyor senin için yaşıyor ama, sen
farkında değilsin onun
Öleceğim bağışla beni öleceğim ve sen kırmızı sırça topu
parçalayıp çıkacaksın içinden ineceksin karlı
bir meydana
artık Moskova'da mı olur Tallin'de mi Leningrad'da mı
ineceksin karlı bir meydana yılbaşı ağacından
ama ben bu dünyada senin için yaşayan şeyi götürmüş
olacağım
Lüsya ölüyor
yüzü eski tahta bir kaşık

. . . benden sonra ölmesi gerekenler benden önce
ölüyor ne iştir
büyük harpler yüzünden ölüm büsbütün şaşırdı
sırayı
kamyonlar geçiyor Antuzyastlar Caddesinin asfaltını
sarsarak
afişlerde 65 yılının dev sayıları kömür şu kadar ton
petrol bu kadar kumaş şu kadar metre
karlı bir meydanda bir yılbaşı ağacı Estonya türküleri
söylüyor
karanlık Gotik kulelerin arasında ve fabrika bacalarıyla
çevrili yılbaşı ağacı

Tallin, 1 Ocak 1962

kraust die Trübsal Lucias oder meine eigene Nähe zum
Tod mir die Stirn
ein Weihnachtsbaum singt an einem verschneiten Platz
estnische Lieder
ein geputzter hoher Weihnachtsbaum
verzeih mir ich werde dich in der Kugel lassen und sterben
auf dieser Welt lebt etwas etwas Unvergleichliches
und niemand außer mir kann es erkennen
vielleicht eine Pflanze ein Tier ein Wort ein Mineral ein Strahl
ein Glück vielleicht
vielleicht von einem Stern gefallen
auf dieser Welt lebt etwas lebt für dich doch
du kannst es nicht erkennen
ich werde sterben verzeih mir ich werde sterben und du wirst
die rote Glaskugel zertrümmern heraustreten und zu
einem verschneiten Platz hinabsteigen
gleichgültig ob in Moskau in Tallinn oder Leningrad
du wirst vom Weihnachtsbaum zu einem verschneiten Platz hinabsteigen
doch ich werde das, was auf dieser Welt für dich lebt mitgenommen
haben
Lucia stirbt
ihr Gesicht wie ein alter Holzlöffel

. . . jene die eigentlich nach mir sterben sollten sterben schon vor mir
was soll das heißen
wegen der großen Kriege hat der Tod die Reihenfolge
durcheinandergebracht
Lastwagen knattern über den Asphalt der
Entuziastov Šosse
auf den Plakaten die riesigen Zahlen aus dem Jahr 1965 soviel
Tonnen Kohle soviel Erdöl soundsoviel Meter Stoff
auf einem verschneiten Platz singt ein Weihnachtsbaum
estnische Lieder
mitten unter den finsteren gotischen Türmen
und von Schloten umstanden ein Weihnachtsbaum

Tallinn, den 1. Januar 1962

* * *

Yıkandım bütün havuzlarında Roma şehrinin
    sokak çocuklarıyla bakır paralarla turistler ve Lükres Borciya'yla beraber
    taş gemilerin ve taş balıkların arasında
    yıkandım bütün havuzlarında Roma şehrinin
    bindim bütün atlarına Roma şehrinin
        mermer atlarına tunç atlarına
        sokak çocuklarının ve İspartaküs'ün terkisinde
    ve koşuldum faytonlarına turistlerle beraber
    bindim bütün atlarına Roma şehrinin
İçtim bütün çeşmelerinden Roma şehrinin
    alanlarda avlu içlerinde ve köşe başlarındakilerden
kiminin kandilleri yanıyor sularında kiminin güneşten dökülüyor suları
içtim bütün çeşmelerinden Roma şehrinin
Dante'yle beraber Gıramşi'yle beraber Milano işçileri ve yahudi esnaflarla
[beraber
    ve sokak çocuklarıyla
ve Sen Piyer Kilisesi'ne girdim ve koka-kola şişelerine
ve seyrettim Antonioni'nin filimlerini
ve seyrettim resimlerini yoldaşım Gutuzo'nun

İçtim bütün çeşmelerinden Roma şehrinin.

1962

* * *

Ich badete in allen Springbrunnen Roms
zusammen mit den Straßenkindern den Kupfermünzen mit den
[Touristen und Lucrezia Borgia
inmitten steinerner Schiffe und Fische
badete ich in allen Brunnen der Stadt
ich bestieg alle Pferde Roms
die marmornen und die bronzenen
saß auf dem Hinterzwiesel der Straßenkinder und dem von Spartakus
und man spannte mich mit den Touristen vor seine Kutschen
ich bestieg alle Pferde Roms
Ich trank von allen Brunnen der Stadt
auf Plätzen in Höfen an Straßenecken
in manch einem brannten Öllämpchen im Wasser und aus manchen rann
[Wasser aus der Sonne herab
ich trank von allen Brunnen Roms
zusammen mit Dante Gramsci den Mailänder Arbeitern und den jüdischen
und mit den Straßenkindern [Händlern
und trat in den Sankt Peters Dom ein und in die Coca-Cola Flaschen
und sah die Filme von Antonioni
und betrachtete die Bilder meines Genossen Guttuso

Ich trank von allen Brunnen der Stadt Rom.

1962

Severmişim Meğer

yıl 62 Mart 28
Pırağ-Berlin tireninde pencerenin yanındayım
akşam oluyor
dumanlı ıslak ovayla akşamın yorgun bir kuş gibi inişini
        severmişim meğer
akşamın inişini yorgun kuşun inişine benzetmeyi sevmedim

toprağı severmişim meğer
toprağı sevdim diyebilir mi onu bir kez olsun sürmeyen
ben sürmedim
Pılatonik biricik sevdam da buymuş meğer

meğer ırmağı severmişim
ister böyle kımıldanmadan aksın kıvrıla kıvrıla tepelerin
    eteğinde
doruklarına şatolar kondurulmuş Avrupa tepelerinin
ister uzasın göz alabildiğine dümdüz
bilirim ırmak yeni ışıklar getirecek sen göremiyeceksin
bilirim ömrümüz beygirinkinden azıcık uzun karganınkinden
    alabildiğine kısa
bilirim benden önce duyulmuş bu keder
                benden sonra da duyulacak
benden önce söylenmiş bunların hepsi bin kere
                    benden sonra da söylenecek

gökyüzünü severmişim meğer
kapalı olsun açık olsun
Borodino savaş alanında Andırey'in sırt üstü seyrettiği
    gökkubbe
hapiste Türkçeye çevirdim iki cildini Savaşla Barış'ın
kulağıma sesler geliyor
gökkubbeden değil meydan yerinden
gardiyanlar birini dövüyor yine

Wie sehr muß ich geliebt haben

1962 28. März
ich sitze im Zug Prag-Berlin am Fenster
der Abend dämmert
wie sehr muß ich den Abend der sich wie ein müder Vogel auf die
geliebt haben [neblignasse Ebene senkt
nicht jedoch den Vergleich mit einem müden Vogel

wie sehr muß ich die Erde geliebt haben
kann einer der kein einziges Mal die Erde gepflügt hat sagen er liebe sie
ich habe nie gepflügt
doch dies muß wohl meine einzige platonische Liebe gewesen sein

wie sehr muß ich den Fluß geliebt haben
ob er nun gemächlich dahinfließt sich am Fuß der Hügel
entlangschlängelnd
der europäischen Hügel auf deren Gipfel man Burgen baute
oder ob er sich soweit das Auge reicht schnurgerade in die Länge dehnt
ich weiß mit dem Fluß kommen neue Lichter die du nicht sehen wirst
ich weiß unser Leben ist etwas länger als das des Gauls aber
beträchtlich kürzer als das der Krähe
ich weiß man empfand diese Trauer vor mir schon
und wird sie empfinden nach mir noch
schon vor mir hat man von all dem gesprochen tausend Mal
und wird davon sprechen auch nach mir noch

wie sehr muß ich das Firmament geliebt haben
ob bedeckt oder klar
das Himmelsgewölbe das Andrey von
rücklings auf dem Schlachtfeld von Borodino liegend betrachtet
im Gefängnis habe ich zwei Bände von Krieg und Frieden übersetzt
Stimmen dringen an mein Ohr
nicht aus dem Himmelsgewölbe sondern vom Kreuzgang her
die Wärter verprügeln wieder einen

ağaçları severmişim meğer
çırılçıplak kayınlar Moskova dolaylarında Peredelkino'da
    kışın çıkarlar karşıma alçakgönüllü kibar
kayınlar Rus sayılıyor kavakları Türk saydığımız gibi
İzmir'in kavakları
dökülür yaprakları
bize de Çakıcı derler
                    yâr fidan boylum
yakarız konakları
Ilgaz ormanlarında yıl 920 bir keten mendil astım bir çam
    dalına
        ucu işlemeli

yolları severmişim meğer
asfaltını da
Vera direksiyonda Moskova'dan Kırım'a gidiyoruz Koktebele
                                asıl adı Göktepe ili
bir kapalı kutuda ikimiz
dünya akıyor iki yandan dışarda dilsiz uzak
hiç kimseyle hiçbir zaman böyle yakın olmadım
eşkiyalar çıktı karşıma Bolu'dan inerken Gerede'ye kırmızı
    yolda ve yaşım on sekiz
yaylıda canımdan gayrı alacakları eşyam da yok
ve on sekizimizde en değersiz eşyamız canımızdır
bunu bir kere daha yazdımdı
çamurlu karanlık sokakta bata çıka Karagöze gidiyorum
    ramazan gecesi
önde körüklü kâat fener
belki böyle bir şey olmadı
belki bir yerlerde okudum sekiz yaşında bir oğlanın Karagöze
    gidişini ramazan gecesi İstanbul'da dedesinin elinden
    tutup
        dedesi fesli ve entarisinin üstüne samur yakalı
    kürkünü giymiş
        ve harem ağasının elinde fener
            ve benim içim içime sığmıyor sevinçten

wie sehr muß ich die Bäume geliebt haben
die nackten kahlen Birken in Peredelkino bei Moskau
    treten winters vor mich hin bescheiden höflich
man hält sie für russisch so wie wir die Pappeln für türkisch halten
die Pappeln von Izmir
lassen die Blätter fallen
man nennt uns jedoch Çakıcı
                meine Geliebte groß wie ein Schößling
wir zünden die Konaks an
in den Wäldern von Ilgaz hängte ich im Jahr 920 ein Leinentaschentuch
    an den Zweig einer Kiefer
        ein spitzenverziertes

wie sehr muß ich die Straßen geliebt haben
auch die asphaltierten
wir fahren Vera am Steuer nach Koktebele auf der Krim
                        das eigentlich Provinz Göktepe heißt
in einer geschlossenen Schachtel wir beide
zu beiden Seiten fließt draußen die Welt vorbei lautlos fern
noch nie fühlte ich mich jemandem so nah
Räuber tauchten vor mir auf als ich auf dem roten Weg
    von Bolu nach Gerede ging und achtzehn war
außer meiner Seele hatte ich nichts in der Kutsche das sie hätten rauben können
und mit achtzehn ist unsere Seele das wertloseste aller Güter
das hatte ich schon einmal geschrieben
in einer schlammigen dunklen Straße schleppe ich mich mühsam zu
    in einer Nacht im Ramadan   [Karagöz
ganz vorne ein Lampion
vielleicht hat es das alles gar nicht gegeben
vielleicht las ich nur irgendwo daß ein achtjähriger Junge in Istanbul zu
    unterwegs war in einer Nacht im Ramadan an der Hand   [Karagöz
    seines Großvaters
        der Großvater trug einen Fes und auf dem Gewand
    seinen Pelz mit Zobelkragen
        und in der Hand des Eunuchen ein Lampion
            und ich kenne mich kaum vor Freude

çiçekler geldi aklıma her nedense
gelincikler kaktüsler fulyalar
İstanbul'da Kadıköy'de Fulya tarlasında öptüm Marika'yı
ağzı acı badem kokuyor
yaşım onyedi
kolan vurdu yüreğim salıncak bulutlara girdi çıktı

çiçekleri severmişim meğer
üç kırmızı karanfil yolladı bana hapishaneye yoldaşlar 1948
yıldızları hatırladım
severmişim meğer
ister aşağıdan yukarıya seyredip onları şaşıp kalayım
ister uçayım yanıbaşlarında

kosmos adamlarına sorularım var
çok daha iri iri mi gördüler yıldızları
kara kadifede koskocaman cevahirler miydiler
turuncuda kayısılar mı
kibirleniyor mu insan yıldızlara biraz daha yaklaşınca
renkli fotoğraflarını gördüm kosmosun Ogonyok dergisinde
kızmayın ama dostlar non figüratif mi desek soyut mu
desek işte o soydan yağlı boyalara benziyordu kimisi
yani dehşetli figüratif ve somut
insanın yüreği ağzına geliyor karşılarında
sınırsızlığı onlar hasretimizin aklımızın ellerimizin
onlara bakıp düşünebildim ölümü bile şu kadarcık keder
duymadan
kosmosu severmişim meğer

gözümün önüne kar yağışı geliyor
ağır ağır dilsiz kuşbaşısı da buram buram tipisi de
meğer kar yağışını severmişim
güneşi severmişim meğer

şimdi şu vişne reçeline bulanmış batarken bile
güneş İstanbul'da kimi kere renkli kartpostallardaki

die Blumen fielen mir ein ich weiß nicht warum
der Klatschmohn die Kakteen die Narzissen
auf dem Fulya-Feld in Istanbul Kadıköy küßte ich Marika
ihr Mund roch nach bitteren Mandeln
ich war siebzehn
mein Herz schwang sich hoch die Schaukel flog bis in die Wolken und
[wieder zurück

Wie sehr muß ich die Blumen geliebt haben
drei rote Nelken schickten mir die Genossen 1948 ins Gefängnis
ich erinnerte mich an die Sterne
ich muß sie geliebt haben
ob ich sie nun von unten nach oben blickend bewundere
oder dicht an ihnen vorbeifliege

an die Kosmonauten habe ich Fragen
kamen ihnen die Sterne noch größer vor
sahen sie auf dem schwarzen Samt wie riesige Edelsteine aus
wie pomeranzenfarbene Aprikosen
wird der Mensch anmaßend, wenn er den Sternen noch ein wenig näher
[kommt
ich sah Farbphotos vom Kosmos im Magazin Ogonyok
ärgert euch doch nicht Freunde aber soll man sie nun nonfigurativ oder
[abstrakt nennen
wie auch immer manche glichen jedenfalls dieser Art Ölmalerei
waren also wunderbar figurativ und konkret
dem Menschen fällt das Herz in die Hosentasche bei ihrem Anblick
sie sind die Grenzenlosigkeit unserer Sehnsucht unseres Verstandes unserer
[Hände
ich betrachtete sie und dachte sogar an den Tod ohne
dabei die leiseste Trauer zu spüren
wie sehr muß ich den Kosmos geliebt haben

vor meinen Augen sehe ich Schnee fallen
sachte sacht und leise in dicken Flocken oder als heftiges Treiben
wie sehr muß ich das Fallen des Schnees geliebt haben

wie sehr muß ich die Sonne geliebt haben
selbst wenn sie mit Sauerkirschmarmelade bestrichen gerade versinkt
oder wenn sie sich manches Mal auch in Istanbul wie auf den

gibi batar
ama onun resmini sen öyle yapmıyacaksın

meğer denizi severmişim
hem de nasıl
ama Ayvazofski'nin denizleri bir yana

bulutları severmişim meğer
ister altlarında olayım ister üstlerinde
ister devlere benzesinler ister ak tüylü hayvanlara

ayışığı geliyor aklıma en aygın baygını en yalancısı
en küçük burjuvası
severmişim
yağmuru severmişim meğer
ağ gibi de inse üstüme ve damlayıp dağılsa da camlarımda
yüreğim beni olduğum yerde bırakır ağlara dolanık
ya da bir damlanın içinde ve çıkar yolculuğa hartada
çizilmemiş bir memlekete gider
yağmuru severmişim meğer

ama neden birdenbire keşfettim bu sevdaları Pırağ-Berlin
tireninde yanında pencerenin
altıncı cıgaramı yaktığımdan mı
bir teki ölümdür benim için
Moskova'da kalan birilerini düşündüğümden mi geberesiye
saçları saman sarısı kirpikleri mavi

zifiri karanlıkta gidiyor tiren
zifiri karanlığı severmişim meğer
kıvılcımlar uçuşuyor lokomotiften
kıvılcımları severmişim meğer
meğer ne çok şeyi severmişim de altmışımda farkına vardım
bunun
Pırağ-Berlin tireninde yanında pencerenin yeryüzünü
dönülmez bir yolculuğa çıkmışım gibi seyrederek

Moskova, 19 Nisan 1962

farbigen Ansichtskarten herabneigt
aber so darfst du sie nicht malen

wie sehr muß ich das Meer geliebt haben
und zwar wie
bis auf die Meere Aiwasowskijs jedoch

wie sehr muß ich die Wolken geliebt haben
ob ich nun unter oder über ihnen bin
ob sie Dämonen oder Tieren mit weißem Fell gleichen

der Mondschein kommt mir in den Sinn der überaus schmeichlerische
äußerst kleinbürgerliche [verlogene
wie sehr muß ich ihn geliebt haben
wie sehr den Regen geliebt haben
selbst wenn er wie ein Netz auf mich herabfällt oder in Tropfen über meine
[Fenster rinnt
mein Herz in Netze gewickelt verläßt mich noch an Ort und Stelle
oder macht sich mitten in einem Tropfen auf die Reise
in ein Land, das auf der Karte fehlt
wie sehr muß ich den Regen geliebt haben

Aber warum entdeckte ich auf einmal all diese Liebe
am Fenster im Zug Prag-Berlin
etwa weil ich mir die sechste Zigarette anzündete
wo schon eine einzige für mich den Tod bedeutet
etwa weil ich an die eine in Moskau Gebliebene dachte wie verrückt
an die mit den strohblonden Haaren und blauen Wimpern

in der pechschwarzen Dunkelheit fährt der Zug dahin
wie sehr muß ich die pechschwarze Dunkelheit geliebt haben
Funken stieben aus der Lokomotive
wie sehr muß ich die Funken geliebt haben
wie sehr muß ich doch vieles geliebt haben was ich jedoch erst erkannte
als ich sechzig war
am Fenster im Zug Prag-Berlin die Erde betrachtend
als ob ich zu einer Reise ohne Rückkehr aufgebrochen wäre

Moskau, den 19. April 1962

Tarusa Yolu

K.V. Paustovski'ye

Beni alıp benden ötelere götürür daha ötelere Mayıs
ayında Tarusa yolu
kayınların ardındadır arayıp bulduklarım da
bulamadıklarım da
Marina Svetayeva bakar bana Oka ırmağına inen
tepelerden
bulutlar yüzer suda dallara takılarak
ne etsem de bulutlarla akıp gitmese mutluluğum
Paustovski'nin evini gördüm iyi adamın evini iyi
adamların evleri Mayıs aylarını hatırlatır
bana bütün Mayıs aylarını İstanbul'unkileri de
İstanbul'un Mayıs ayından mı geldi Paustovski'nin Türk
ninesi Erzurum'unkinden mi
evde yoktu yatıyor şehirde yüreğinde sancılarla üstat
neden sancılar eksik olmaz iyi insanların yüreğinden
sevdiğimiz kadınlara benziyor Mayıs ayında Tarusa yolu
asfalta döneceğiz kalacak çimende ayak izlerimiz
Tarusa yolu Paustovski'nin elyazısıdır
bilmem kısmet olur mu geçmek Tarusa yolunda Mayıs
aylarından birinde bir daha
ve bu eski Rus toprağında güneş Viatski oyuncağı bir
tavus kuşu.

tarusa yolu, 12 Mayıs 1962

Auf dem Weg nach Tarusa

An K.W. Paustowski

Im Monat Mai führt mich der Weg nach Tarusa fort
    fort von mir in die Ferne
hinter den Birken sind jene die ich suchte finde einige
    die anderen finde ich nicht
Marina Swetajewa blickt von den zum Oka-Fluß abfallenden
    Hügeln auf mich herunter
die Wolken an Zweigen hängend treiben im Wasser
was soll ich nur tun damit mein Glück nicht mit ihnen davonschwimmt
ich sah Paustowskis Haus das Haus des guten Menschen
    die Häuser guter Menschen erinnern mich an den Mai
    an alle Maimonate auch die in Istanbul
Kam Paustowskis türkische Großmutter aus dem Istanbuler Mai
    oder dem in Erzurum
der Meister war nicht zu Hause lag mit Herzschmerzen in der Stadt
warum werden gute Menschen nicht von Herzschmerzen verschont
der Weg nach Tarusa im Monat Mai gleicht den Frauen die wir lieben
wir werden unsere Fußspuren auf der Wiese hinterlassen und zum Asphalt
[zurückkehren
der Weg nach Tarusa im Monat Mai gleicht der Handschrift Paustowskis
ich weiß nicht ob es mir vergönnt ist noch einmal in einem Monat Mai
    den Weg nach Tarusa entlangzugehen
und auf dieser alten russischen Erde gleicht die Sonne einem
    Spielzeug aus Viatski einem Pfau.

12. Mai 1962 auf dem Weg nach Tarusa

Tanganika Röportajı

10 Mektupta)

Birinci mektup

Uçuyorum karlı Ukranya ovalarını.
Yıllardır bu ilk hava yolculuğum sensiz.
Elini aradım yerden kesilirken,
                    alışkanlık,
yere inerken de arayacağım.

Dün gece bavulumu hazırlıyordun,
omuzların kederliydi,
belki değildiler de, bana öyle geldi, kederli olmalarını
    istediğimden.

Bu sabah kar aydınlığıyla uyandım.
Moskova uykudaydı, sen uykudaydın.
Saçların saman sarısı, kirpiklerin mavi,
ak boynun uzundu, yuvarlaktı
ve kırmızı, kalın dudaklarında keder,
belki değil de bana öyle geldi, kederli olmalarını
    istediğimden.
Ayaklarımın ucuna basıp yan odaya geçtim,
Fotoğrafın masamda bir yaz güneşine bakıyor, başını
    kaldırmış, profilden.
Umrunda değil gidişim.
Soktum cebime.
İyiden iyiye ağardı ortalık.
Duvarda Dino'nun yağlı boyası:
bir bulut parçacığı sonsuz bir gökyüzünde,
belki ne gökyüzü, ne bulut,
uçsuz bucaksız mavilikte ak bir kımıldanış,
iyimserliğin resmi, umudun.

Reportage über Tanganyika

In zehn Briefen

Erster Brief

Ich fliege über die schneebedeckten Ebenen der Ukraine.
Seit Jahren ist dies meine erste Reise ohne dich.
Ich suchte nach deiner Hand, als wir abflogen,
eine Gewohnheit,

werde es auch beim Landen tun.

Gestern abend hast du meinen Koffer gepackt,
deine Schultern hingen niedergeschlagen herab,
vielleicht waren sie es gar nicht, doch kam es mir so vor, weil ich es so wollte.

Heute morgen erwachte ich mit dem hellen Glanz des Schnees.
Moskau lag im Schlaf, du lagst im Schlaf.
Die Haare strohblond, die Wimpern blau,
dein weißer Hals lang und rund,
und deine roten dicken Lippen kummervoll,
vielleicht waren sie es gar nicht, doch kam es mir so vor, weil ich es so wollte.
Auf Zehenspitzen schlich ich ins Nebenzimmer.
Dein Photo auf meinem Tisch sieht, erhobenen Kopfes, im Profil zu einer Sommersonne empor.
Es kümmert sich nicht darum, daß ich gehe.
Ich steckte es in die Tasche.
Allmählich dämmerte es.

An der Wand das Ölgemälde von Dino:
Ein Wolkenfetzen an einem endlosen Himmel,
vielleicht weder eine Wolke noch der Himmel,
nur eine weiße Regung auf einem unendlichen Blau,
ein Bild des Optimismus, der Hoffnung.

Kapıcı kadınlar avluda kar küremeğe başladı gıcırtılarla.
Odaya girdin.
Yüzüme bakıyorsun şaşkın, kederli;
belki keder değil de uyku mahmurluğu bu.
»Beni geçirmeğe gelme,« dedim,
oysaki beni geçirmeni istiyordum bilemediğin kadar.
Kilitledin bavulumu kendi elinle.
Ben açtım kapıyı merdiven sahanlığına çıktım.
Sen içerde kapıyla çerçeveli bir bahar manzarasıydın, bir
    bahar manzarası öğle aydınlığında, yapraklarla sular
    som pırıltı, gölgesiz.
Kapadım kapıyı üstüne.

Senden konuştuk Ekber'le Vunukova'ya kadar,
daha doğrusu, ben söyledim, o dinledi.

Karadeniz'i geçiyorum sekiz bin metre yukarda.
Bilmem farkında mısın,
                günü gününe bir yıl oluyor,
Varşova-Roma-Paris üstünden Kahire'ye uçtuktu seninle.
Kahire yine o Kahire mi sensiz?

Sekiz bin metre yukarda, Anadolu'mun üstündeyim,
Sekiz bin metre derinde, bulutların altında, toprağımda
    karakış.
Köylerin çoktan kesiktir yolu.
Her biri karlı çöllerde bir başınadır.
Bulgur aşı yağsız.
Tezek dumanında göz gözü görmez.
Bebeler ölür bitlenmeğe bile vakit bulmadan
ve ben uçarım sekiz bin metre yukarda, bulutların
    üstünde
İşte böyle Tulyakova...

Die Hausmeisterinnen begannen knirschend den Schnee zu schippen.
Du betratst das Zimmer.
Erstaunt und schwermütig sahst du mich an;
vielleicht war es nicht Schwermut, sondern Schlaftrunkenheit.
»Komm nicht, um von mir Abschied zu nehmen,« sagte ich,
dabei wollte ich doch, wie sehr kannst du dir gar nicht vorstellen, daß du
Meinen Koffer hast du eigenhändig geschlossen. [dich verabschiedest.
Ich öffnete die Tür und trat auf den Treppenabsatz hinaus.
Du standst drinnen wie eine von der Tür umrahmte Frühlingslandschaft,
eine Frühlingslandschaft im hellen Mittagslicht
mit Blättern, Gewässern, makellosem Glanz, schattenlos.
Ich schloß die Tür hinter dir.

Wir redeten von dir, Ekber und ich, bis Vnukova,
oder, besser gesagt, ich sprach, und er hörte zu.

Ich überquere das Schwarze Meer in achttausend Meter Höhe.
Ich weiß nicht, ob du dich erinnerst,
es ist auf den Tag genau ein Jahr her,
daß wir beide über Warschau-Rom-Paris nach Kairo flogen.
Ist Kairo wieder dasselbe Kairo ohne dich?

Achttausend Meter hoch bin ich über meinem Anatolien.
Achttausend Meter weiter unten unter den Wolken auf meiner Erde
ist tiefster Winter.
Die Wege in die Dörfer sind längst abgeschnitten.
Jedes Dorf ist in der Schneewüste auf sich allein gestellt.
Die Weizengrütze ist ohne Butter.
Im Rauch der Kuhmistfladen sieht einer den andern nicht.
Die Säuglinge sterben, noch ehe sie hätten verlausen können,
und ich fliege in achttausend Meter Höhe über den
Wolken.
Ja, so ist das, meine Tulyakova...

İkinci Mektup

Kahire'de Özbekiye Bahçesi'ni hatırladın mı?
Oturduğumuz sırayı gidip buldum.
Topal ayağını onarmamışlar.

Geceyi hatırladın mı?
Karma karışıktı karşımızda
                    yıldızlar, otomobil ışıkları, vitrinler
ve uzun entarili dilenci.
Kederli kadından konuştuktu hatırladın mı?
Kıraliçe Nifertiti'ye benziyor yüzü.
Komünist kocası beş yıldır can çekişiyor
çölün orta yerinde, toplama kampında.

Kahire'nin Özbekiye Bahçesi'ni hatırladın mı?
Oturduğumuz sırayı gidip buldum.
Topal bacağını onarmamışlar.
Gündüzün ağaçlar tozlu.
Uzun entarili dilenci kurumuş büsbütün
ve kederli kadının kocası artık ölmüştür.

Kahire'nin Özbekiye Bahçesi'ni hatırladın mı?

Üçüncü Mektup

Geceleyin geç vakit havalandık Kahire'den.
Uzakta, ta uzakta, kanadın ucunda ayrılığın kırmızı ışığı
    yanıyordu.
Yıldızları sımsıkı tuttum avucumda, uyudum.

İndik Hartum alanına sabah aydınlığında,
bulutsuz, ak bir aydınlık,
bir porselen aydınlığı,
porselen bir fincan zar gibi ince.

Zweiter Brief

Erinnerst du dich an den Özbekiye-Garten in Kairo?
Ich ging hinein und fand die Bank wieder, auf der wir saßen.
Ihr wackliges Bein ist noch immer nicht repariert.

Es war Nacht, erinnerst du dich?
Uns gegenüber ein buntes Gewirr
von Sternen, Autoscheinwerfern, Schaufenstern,
und ein Bettler im langen Gewand.
Wir hatten über die traurige Frau gesprochen, erinnerst du dich?
Der Königin Nefrodite glich ihr Gesicht.
Ihr Mann, Kommunist, ringt seit fünf Jahren mit dem Tod,
mitten in der Wüste, im Konzentrationslager.

Erinnerst du dich an den Özbekiye-Garten in Kairo?
Ich ging hinein und fand die Bank wieder, auf der wir saßen.
Ihr wackliges Bein ist noch immer nicht repariert.

Tagsüber sind die Bäume von Staub bedeckt.
Der Bettler im langen Gewand ist ganz ausgedörrt.
Und der Mann der traurigen Frau sicher schon tot.

Erinnerst du dich an den Özbekiye-Garten in Kairo?

Dritter Brief

Nachts zu später Stunde flogen wir in Kairo ab.
In der Ferne, in weiter Ferne, am äußersten Ende der Tragfläche brannte
das rote Licht der Trennung.
Ich hielt die Sterne, hielt sie fest in der Hand und schlief ein.

Bei Tagesanbruch landeten wir auf dem Flughafen von Khartum,
in einem wolkenlosen, weißen Licht
von der Helligkeit des Porzellans,
so fein wie eine Kaffeetasse aus Porzellan.

Alanda dev bir »Komet« vardı
Sudan Hava Yolları'nın.
Bir de bir spor uçağı sarı, kırmızı, minicik.
Neyin nesi anlayamadım.

Hartum hava istasyonu temiz.
Güneş serin serin yükseliyordu.
Oturdum karşısına paltomu omzuma atıp.
Nerde olursam olayım,
hapiste bile,
günlerim kulağıma müjdeler fısıldayarak başlar.
Sudanlılar güzel oluyor,
– Sudanlı bir şair kadın tanırım, dünya güzeli – ,
İşlenmişler abanoz ağacının en soylusuna
ak entarileri, ak örtüleri, ak sarıkları içinde.
Sudanlı subaylar dolaşıyor, İngilizce konuşuyorlar.
ve sarışın avcılar viski içiyordu.
Avcılar arslan avlamağa gelmişler
ve pamuk avlamağa.
Tüfekleri naylon kılıflı.

Bir mızrak boyu yükseldi güneş.
Paltomu attım, çıkardım ceketimi.
Volkan gürültüleriyle havalandı »Komet«,
uçup gitti Londra'ya..

Nerden bileceksin, kızım,
benim Osmanlılar bu kırmızı toprakta esircilik etti.
Kölelerin boyu iki metre,
bir de fildişi, altın,
bir de vergi topladılar kadınların şalvarına kedileri sokup.
Bu usul belki hâlâ yürürlüktedir Anadolu'da,
Ama Anadolu köleleri kavruk kısacık.

Am Flughafen stand ein riesiger »Komet«
von der Luftfahrtgesellschaft des Sudan.
Außerdem ein gelbrotes, winziges Sportflugzeug.
Was es darstellen sollte, wollte mir nicht recht einleuchten.

Der Flughafen von Khartum ist sauber.
Die Sonne erhob sich kühl und frisch.
Ich setzte mich ihr schräg gegenüber und legte den Mantel über die Schulter.
Wo ich auch bin,
selbst im Gefängnis,
beginnen die Tage damit, daß mir frohe Botschaften etwas ins
[Ohr flüstern.
Die Sudanesen sind schön,
– eine sudanesische Dichterin kenne ich, die schönste der Welt –
aus dem edelsten Ebenholz geschnitzt
in ihren weißen Gewändern, Tüchern und Turbanen.
Sudanesische Offiziere waren auf einen Bummel gegangen, sprechen
[englisch,
und blonde Jäger tranken Whisky.
Die Jäger kamen, um Löwen zu jagen
und sich Baumwolle unter den Nagel zu reißen.
Ihre Gewehre stecken in einer Nylonhülle.

Eine Lanze hoch erhob sich die Sonne.
Ich legte meinen Mantel ab, zog die Jacke aus.
Mit vulkanischem Lärm hob sich »Komet« ab
und flog nach London.

Woher sollst du wissen, mein Mädchen,
daß meine Osmanen Sklavenhandel trieben auf dieser roten Erde.
Die Sklaven waren zwei Meter groß,
außerdem rafften sie Elfenbein und Gold an sich
und zogen auch noch Steuern ein, dadurch, daß sie den Frauen Katzen in
[die Pluderhosen steckten.
Diese Methode wird in Anatolien vielleicht immer noch angewandt,
doch die Geknechteten Anatoliens sind kleinwüchsig, gedrungen.

Dördüncü Mektup

Dar-es-Selâm'a belki kuşlar gelir İstanbul'dan, Moskova'dan
kuşlar nerelerden nerelere gitmez ki.
Ama bu toprağın dalına konan Moskovalı ilk uçak bizimkisi,
İlk İstanbullu ben.

Duydum Afrika'nın kokusunu,
büyük kara Afrika'nın:
iri bitki, iri hayvan, iri güneş, iri yağmur, iri yıldız
   kokuyor.
Girdik şehre palmiyelerle muzların arasından.
Gözalabildiğine yeşil, gözalabildiğine sıcak bir akvaryoma
   girdik.

Dar-es-Selâm batısında Hint Okyanusu'nun.
Daha Muhammet'ten önce kara kaşlı Arap korsanlarıyla
   Arap tüccarları çıktı bu kıyılara,
sonra başka korsanlarla başka tüccarlar
ve bunların kaşları samur
ama iş kaşlarda değil.

Dar-es-Selâm başkenti Tanganika'nın.
Tanganika
Tanganika, Tanganika.
Bir türkü böyle başlayabilir.
Bir tam tam havası:
Tanganika, Tanganika,
kederlisi, sevinçlisi, akıllısı, delisi,
yeşili, kırmızısı, sarısı, kuzgunu, karası
Tanganika, Tanganika...

Biliyorsun,
Tanganika güney doğusunda Afrika'nın.
120'den çok kabilede 10 milyon kadar insan.
Müslüman, hıristiyan, putperest.

Vierter Brief

Nach Dar-es-Salaam kommen die Vögel vielleicht aus Istanbul, aus Moskau,
Vögel kommen ja überall her, ziehen überall hin.
Doch das erste Flugzeug, das sich auf dem Ast dieser Erde niederließ, ist
der erste Istanbuler bin ich. [unseres,

Ich roch den Duft Afrikas,
des großen schwarzen Afrika:
es riecht
nach riesigen Pflanzen, riesigen Tieren, einer riesigen Sonne, einem
[riesigen Regen, einem riesigen Stern.
An Palmen und Bananen vorbei fuhren wir in die Stadt.
Wir gelangten in ein Aquarium, ganz grün und warm,
soweit das Auge reicht.

Dar-es-Salaam liegt im westlichen Teil des Indischen Ozeans.
Lange vor Mohammed gingen hier die arabischen Freibeuter mit ihren
und die arabischen Händler an Land, [schwarzen Augenbrauen
später dann andere Piraten, andere Kaufleute
mit dichten Augenbrauen,
doch das ist nicht von Belang.

Dar-es-Salaam ist die Hauptstadt von Tanganyika.
Tanganyika,
Tanganyika, Tanganyika.
Dies könnte der Anfang eines Liedes sein:
Ein Tam-tam Rhythmus:
Tanganyika, Tanganyika,
das traurige, heitere, weise, verrückte,
das grüne, rote, gelbe, rabenschwarze, schwarze
Tanganyika, Tanganyika...

Du weißt,
Tanganyika liegt im Südosten Afrikas.
Rund 10 Millionen Menschen aus mehr als 120 Stämmen.
Muslime, Christen, Animisten.

Biliyorsun
belli başlı ürünü: kahve, davar ve sizâl.
Sizâlın yaprakları yalın, yeşil kılınçlardır,
urgan, halat, çuval filân yapılır.
Biliyorsun,
bütün yolları yola çıkmadan önce bilmediğimi biliyorsun.
Biliyorsun hartada yaptığımız yolculuğu seninle.
Gemimiz üç direkliydi başı kemani,
puruvada altın kız sureti sana benzer,
ve bayrağında şiirler sana yazdığım,
ve balıklar avladık gözleri zümrüt,
ve kuşlar kondu serenlere sırma kanatlı,
ve muz yağmuruna tuttu maymunlar bizi kıyılardan,
ve pupa yelken geçtik sıcak denizleri,
ve bir dolanıp bir kurtulduk ağından meridyenlerin
Dar-es-Selâm'ı bulana kadar.
Biliyorsun hartada yaptığımız yolculuğu seninle.

Tanganikalı Meçhul Askerle konuştum Dar-es-Selâm'da
Tunçtan dökülmüş saldırıyordu ince, çıplak bacaklarının
üstünde elde silah.
Arkasında bulvar ve liman karşısında vitrinler,
sağında bir banka yapısı, solunda bir kilise
»Kime saldırıyorsun?« dedim
»Alamana.« dedi.
»Alamanındık« dedi, »Birinci Dünya Savaşı'nadek.
İngiliz geldi, komutayı aldı, saldırdık Alamana.
Alaman gitti, İngiliz kaldı.
Kaldı İngiliz 18'den 62'ye.
62'de İngilizi dehledik,
bağımsız Cumhuriyetiz.« dedi,
dedi ve kesti.

Dar-es-Selâm bir şirin kasabadır.
Ana caddeleri temiz, onarılı.
Büyük rahat bir Hint mahallesi var.

Du weißt,
seine Haupterzeugnisse sind: Kaffee, Rinder und Sisal.
Die Sisalblätter sind blanke, grüne Schwerter,
man stellt daraus Seile, Taue, Säcke und ähnliches her.
Du weißt, weißt ja,
vor meiner Abreise war mir dies alles noch nicht bekannt.
Du weißt, wir beide unternahmen diese Reise schon auf der Karte.
Unser Schiff hatte drei Masten und einen geschwungenen Bug,
am Bug ein goldfarbenes Mädchen, das dir ähnlich sieht,
und auf der Flagge Gedichte, die ich für dich schrieb,
und wir fingen Fische mit Smaragdaugen,
und Vögel mit silbernen Flügeln ließen sich auf der Rahe nieder,
und vom Strand aus bewarfen uns Affen mit Bananen,
und wir fuhren über warme Meere mit vollen Segeln,
und wir verfingen uns einmal im Netz der Meridiane, kamen wieder frei,
bis wir schließlich Dar-es-Salaam fanden.
Du weißt, wir beide unternahmen diese Reise schon einmal auf der Karte.

Mit dem Unbekannten Soldaten Tanganyikas sprach ich in Dar-es-Salaam.
Er war aus Bronze gegossen, stand auf dünnen, nackten Beinen,
das Gewehr in der Hand, zum Angriff bereit.
Hinter ihm die Boulevards und der Hafen, ihm gegenüber Schaufenster,
zu seiner Rechten ein Bankgebäude, links von ihm eine Kirche.
»Wen greifst du an?« fragte ich.
»Die Deutschen,« antwortete er.
»Bis zum Ersten Weltkrieg haben wir den Deutschen gehört,« fuhr er fort.
»Dann kamen die Engländer, übernahmen das Kommando, wir griffen die [Deutschen an.
Die Deutschen gingen, die Engländer blieben.
Die Engländer blieben von 18 bis 62.
62 jagten wir sie zum Teufel,
wir sind eine unabhängige Republik«, sagte er,
das war alles, was er sagte.

Dar-es-Salaam ist eine schöne Stadt.
Die Hauptstraßen sind sauber und in gutem Zustand.
Es hat ein großes, ansprechendes Inderviertel.

Hintliler ticaretle meşgul kıyasıya.
Satacaklar satabilseler Okyanusun suyunu şişelere
doldurup.
Ve Hintli tüccara düşman Tanganikalı.
Şehirde bir İngiliz kulübü.
Yalnız beyazlar girermiş eskiden,
şimdi adı da değişmiş, girenleri de.
Cumhurbaşkanı Sarayı.
İngiliz valisi otururmuş eskiden.
Bir kolej, 48 öğrencisi var. Tanganikalı hepsi.
Profesörler İngiliz.
Kiliseler, camiler, villalar, oteller, elçilikler.
Bir müslüman konağında kirada Sovyet Elçiliği,
kapısında Arap alfabesiyle Bismillah yazılı.
Tıramvay, otobüs filân yok,
ama otomobil her markadan,
hepsinin de direksiyonları sağda.
İngiliz sistemi.
Ve Tanganikalı şoför usta oluyor.
Bir de kabare var sabahlara kadar açık.
Tanganikalılar, halktan olanlar, toprağın üstünde yatıp
kalkıyor balçık ve hasır örme kulübelerde.
Devlet dili İngilizceyle Suvahili.
Tanganikalı mühendis, bütün Tanganika'da, 1 tane,
doktor: 3
Tanganikalı sarhoş görmedim,
sarhoşlar beyazdı.
Beyaz işsiz görmedim,
işsizler Tanganikalı.
Ve kaldırımlarda tahta arslan satanlar turistlere
Tanganikalı.
Tanganikalı subay gördüm, başkan gördüm, öğretmen
gördüm.
Dalgın öğretmen gözleriyle başkan Nirere bakıyor bütün
duvarlardan
çevresinde ve camın altında oturup dayanmış ak başlı

Die Inder treiben Handel, bis aufs Messer.
Wenn es ginge, würden sie sogar das Ozeanwasser in Flaschen
füllen und verkaufen.
Und den indischen Händlern sind die Tanganyikaner feindlich gesonnen.
In der Stadt gibt es einen englischen Club.
Früher gingen nur die Weißen hinein,
jetzt trägt er einen anderen Namen, und auch die Besucher haben sich [geändert.
Der Präsidentenpalast.
Früher residierte dort der englische Gouverneur.
Ein College mit 48 Schülern. Alles Tanganyikaner.
Die Professoren sind Engländer.
Kirchen, Moscheen, Villen, Hotels, Botschaftsgebäude.
In einem muslimischen Konak wohnt die sowjetische Botschaft zur Miete,
an der Tür steht Bismillah in arabischer Schrift.
Straßenbahn, Omnibus und dergleichen gibt es nicht,
jedoch Autos, die verschiedensten Marken,
alle haben das Steuer auf der rechten Seite.
Englisches System.
Und die Tanganyikaner fahren meisterhaft.
Außerdem gibt es ein Kabarett, das bis zum Morgen offen hat.
Die Tanganyikaner, die aus dem Volk, schlafen und wohnen auf der Erde,
in Hütten aus Lehm und Schilf.
Die Staatssprache ist Englisch und Suaheli.
Tanganyikanische Ingenieure gibt es in ganz Tanganyika 1,
Ärzte 3.
Einen tanganyikanischen Betrunkenen sah ich nicht,
die Betrunkenen waren Weiße.
Einen arbeitslosen Weißen sah ich nicht,
die Arbeitslosen waren Tanganyikaner.
Und jene, die auf dem Bürgersteig an Touristen Holzlöwen
verkaufen, sind Tanganyikaner.
Ich sah tanganyikanische Offiziere, den Präsidenten,
Lehrer.
Mit seinem zerstreuten Lehrerblick sieht Präsident Nyerere
von allen Wänden herab,
eingerahmt, hinter Glas sitzend, auf einen Stock gestützt,

bastonuna.
Polisler, gördüklerim, Tanganikalı,
Bankalarda Tanganikalı memur görmedim,
ya beyaz, ya Hintliydiler.
Garsonlarla hamallar Tanganikalı.
Köylüler de, çobanlar da, ırgatlar da, kabile reisleri de.
Buralarda da fes giyenler çok, renk rengi, boy boyu,
püsküllüsü, püskülsüzü.
Biz Türkler fesi Yunandan almışız, giydirmişiz Araba,
Sudanlıya da belki.
Onlar da kara Afrika'ya,
ya onlar, ya İngiliz,
İngilizse giydiren
fesli bir gergedan görürsem şaşmam.

Beşinci Mektup

Dar-es-Selâm'da »Halâs Ordusu« kulübesinde uyumanın
yolu yok sıcaktan.
Derime yapışıyor sıcak vıcık vıcık.
Kanadalı karı koca akşam dualarını çoktan çaldılar
magnetofonda.
Arslanlar böğürmüyor.
Arslanlar içerlerde
arslanlar, filler, gergedanlar,
zebra, zürafa, antilopların çeşidi.
Kaplan yok sanıyorum.
Moskova'da zooloji parkında kaplan da vardır, beyaz ayılar
da, penguenler de,
ve kaymaklı dondurma vardır.
Moskova'da kar yağıyor lapa lapa.
Derime yapışıyor sıcak.
Cibinliğin altında çırılçıplağım.
Cibinliğin üstünde kertenkeleler.
Kertenkeleler minicik timsahlar gibi ve dillerini çıkarıyorlar

einen mit weißem Knauf.
Die Polizisten, die ich sah, waren Tanganyikaner.
In den Banken sah ich keinen Tanganyikaner als Angestellten,
sondern nur Weiße oder Inder.
Die Kellner und Lastträger sind Tanganyikaner.
Auch die Bauern, Hirten, Landarbeiter und Stammeshäuptlinge.
Auch hier tragen viele den Fes, in allen Farben, allen Größen,
mit oder ohne Quaste.
Wir Türken übernahmen den Fes von den Griechen, setzten ihn dem [Araber auf,
vielleicht auch dem Sudanesen,
diese gaben ihn an Schwarzafrika weiter,
entweder sie oder die Engländer,
falls es Engländer waren, die das veranlaßten,
sollte es mich nicht wundern, wenn ich ein Nashorn mit Fes sehe.

Fünfter Brief

In der Hütte »Befreiungsarmee« in Dar-es-Salaam ist es vor Hitze [unmöglich,
einzuschlafen.
Die Hitze klebt mir wie ein Brei auf der Haut.
Das kanadische Ehepaar hat längst sein Abendgebet
auf dem Tonband erklingen lassen.
Kein Löwengebrüll.
Die Löwen sind im Hinterland,
die Löwen, Elefanten, Nashörner,
Zebras, Giraffen und vielerlei Antilopen.
Panther, glaube ich, gibt es nicht.
Im Zoologischen Garten in Moskau leben Panther, Eisbären
und Pinguine,
und es gibt auch Morošenoje.
In Moskau schneit es, Flocke um Flocke.
Die Hitze klebt mir auf der Haut.
Unter dem Moskitonetz bin ich splitternackt.
Über das Moskitonetz kriechen Eidechsen.
Eidechsen sind wie winzige Krokodile und strecken die Zunge heraus,

ve belki bunlar kertenkele değil.
Bursa cezaevinde cibinlikler yaptıktı yatak çarşaflarından.
Sabahları kovaya doldurup dökerdik tahtakurularını.
Derime yapışıyor sıcak.
Nabızlarımda vuruyor sıcak
ve akıyor damarlarımda kanıma karışarak.
Moskova'da kar yağıyordur,
yağmıyor mu yoksa?
Yatmadan önce baktın mı pencerede termometreye?
Sıfır altında on beş mi, on yedi mi?
Yatağın üstünde mavi ışık.
Neler düşünüyorsun?
Yoksa uyudun mu yine kor komaz yastığa başını?
Dar-es-Selâm'da »Halâs Ordusu« kulübesinde uyumanın
yolu yok sıcaktan.

Altıncı Mektup

Hint Okyanusu'nu seyrettim bu sabah.
Okyanuslar üstüne bir çift sözüm var sana:
Kıyısından seyredilen okyanus
farksızdır Marmara açıklarından.
Yani demek istediğim:
Okyanuslar büyük sevdalar gibidir Tulyakova
seyredilmeğe gelmez,
Okyanus yaşanılır.

Yedinci Mektup

Çarşı pazar dolaştım karıcığım,
not ettim fiyatları.
Tanganika dehşetli ucuzluk.
Meselâ, güneş,
hem de en olgunu, en kırmızısı,

sind vielleicht nicht einmal Eidechsen.
Im Gefängnis in Bursa hatten wir uns Netze aus Bettlaken gemacht.
Morgens schütteten wir die Wanzen in einen Eimer und leerten ihn
Die Hitze klebt mir auf der Haut. [draußen aus.
Die Hitze schlägt in meinem Puls
und fließt, sich mit dem Blut vermischend, mir durch die Adern.
In Moskau schneit es sicher,
oder vielleicht doch nicht?
Hast du, bevor du zu Bett gingst, auf das Thermometer am Fenster
Hat es fünfzehn oder siebzehn Grad unter Null? [geschaut?
Über deinem Bett ein blaues Licht.
Woran denkst du?
Oder bist du gleich eingeschlafen, als du den Kopf auf das Kissen legtest?
In der Hütte »Befreiungsarmee« in Dar-es-Salaam ist es vor Hitze
einzuschlafen. [unmöglich,

Sechster Brief

Heute morgen betrachtete ich den Indischen Ozean.
Über die Ozeane will ich dir ein paar Worte schreiben:
Betrachtet man den Ozean vom Ufer aus,
unterscheidet er sich überhaupt nicht vom Marmarameer
Was ich also sagen möchte: [in Küstenferne.
Die Ozeane sind wie große Liebschaften, Tulyakova,
man sollte sie nicht betrachten,
nur erleben, die Ozeane.

Siebter Brief

Ich lief durch die Einkaufsstraßen, durch die Basare, meine liebe Frau,
und schrieb mir die Preise auf.
Tanganyika ist unglaublich billig.
Die Sonne zum Beispiel,
sogar die ganz reife, ganz rote,

yağmur meselâ,
hem de aylarca şakırdayanı artsız arasız,
yahut da boy boyu, çeşit çeşidi sıtmaların,
yahut da kopkoyu esmer eller,
turfandası da, olgunu da,
hem de hepsinin tırnaklarıyla avuçları pembe,
hattâ muz,
        beş kiloluk hevenkleri,
                bir şişe Pepsi Kola'dan ucuz.
Sana bunları yazdım,iki gözüm, düşünüyorum,
Tanganika'dan pahalı mı benim Anadolu?
Kimi yerlerinde yağmur çok daha pahalı,
kimi mevsimlerinde güneş,
ama sıtmaların fiyatı,
yahut da ellerin,
hele parmakları kınalı olanların,
                hiç de burdan pahalı değil.
Muza gelince,
bizde yetişmez,
ama soğanla tuz,
beş kilosu değil, birer kilosu,
            burdaki muz fiyatına.

Sekizinci Mektup

Nasılsın Tulyakova, ne âlemlerdesin?
Saman sarısı saçlar nasılsınız?
                Ne âlemlerdesiniz mavi kirpikler?
Mavi kirpikler yol verin,
                gözlerinizin içini görmek istiyorum,
dolaşmak içinde gözlerinizin ve rastlamak kendime,
belki satırları arasında bir kitabın,
                belki ikinci Pesçannaya'da otobüs durağında,
rastlamak kendime içinde gözlerinizin
ve »Merhaba Nâzım!« demek, »Nicesin, mutlu musun?«

der Regen zum Beispiel,
sogar einer, der ununterbrochen, monatelang herabströmt,
oder die Malaria in allen Ausgaben, allen Schattierungen,
oder die tiefdunklen, schwarzen Hände,
junge oder alte,
sogar all die rosafarbenen Nägel und Handflächen,
sogar die Bananen,
Büschel von fünf Kilo,
sind billiger als eine Flasche Pepsi Cola.
Dies schrieb ich dir, mein Augenstern, weil ich darüber nachdenke,
ob mein Anatolien teurer ist als Tanganyika hier.
Mancherorts ist der Regen teurer,
zu manchen Jahreszeiten die Sonne,
doch der Preis der Malaria
oder jener der Hände,
vor allem der mit hennagefärbten Fingern,
ist überhaupt nicht höher als hier.
Was die Bananen anbelangt,
so wachsen sie bei uns nicht,
doch Zwiebeln und Salz,
nicht fünf, sondern ein Kilo nur,
kosten soviel wie die Bananen hier.

Achter Brief

Wie geht es dir, Tulyakova, wie steht's?
Wie geht es den strohblonden Haaren?
Wie euch blauen Wimpern?
Gebt den Weg frei, ihr blauen Wimpern,
ich möchte euch in die Augen sehen,
in euren Augen umherwandern und mir selbst begegnen,
vielleicht zwischen den Zeilen eines Buches,
vielleicht an der Zweiten Pesčanaya-Bushaltestelle,
mir selbst begegnen in euren Augen
und »Merhaba, Nâzım!« sagen, »wie geht's, bist du glücklich?«

Moskova Irmağı'na selâm ederim.
Kızıl Meydan'a, fabrika bacalarına, tiyatroların tümüne
    selâm ederim,
evimizin, kapısına selâm ederim,
İstanbul'un duvarda asılı resmine selâm!

Beni sorarsanız, ben burda Kuzeydeyim iki gündür,
Aruşa'da, Moşi'de,
karlı Klimancaro dağının dolaylarında.
Turistik bir dağ.
Otellerde konforu İsviçre turistlerinin.
Cagga kabilesi yaşıyor Moşi'de.
Otellerde, kahveliklerde ve sizâllıklarda çalışıyorlar.
Sizâllıklar İngilizlerin, Hintlilerin, Rumların.
Cagga halkı güler yüzlü, akıllı, yumuşak.
Erkekleri gömlekli, şortlu, ama yalnayak çoğu
                                        ve bisiklete meraklı.
Kadınları salınarak yürüyor alaca entarileri içinde
    ve başlarında kendilerinden büyük yükler taşıyorlar
    bütün Afrika kadınları gibi.
Genç kızlar gördüm.
Kara biberim, badem şekerim
ve naylon eteklikleri kabarık,
ve okur yazarlık Anadolu'dan yüksek.

Ngorongoro kıraterine gittim.
Volkanın ağzı çayırlar ve ağaçlarla kapanmış.
İki yüz kilometre kare, dediler.
Turistik gerdedanları gördüm,
turistik zürafaları, filleri.
Sürülerle gezip tozuyorlar.
Aralarından geçiyor jipimiz, burunlarının dibinden,
başlarını kaldırıp şöyle bir bakıyorlar,
tanıyorlar markasını otomobilin:
                                Lendrover
ve kederle çeviriyorlar başlarını öte yana,

Ich grüße die Moskwa.
Grüße den Roten Platz, die Fabrikschlote,
    all die Theater,
grüße unsere Haustür,
einen Gruß an das Bild von Istanbul, das an der Wand hängt!

Wenn ihr nach mir fragt, ich bin seit zwei Tagen hier im Norden,
in Arusha, in Moshi
im Umkreis des schneebedeckten Kilimanjaro.
Ein Berg der Touristen.
In den Hotels ein Komfort für Schweizer Touristen.
In Moshi lebt der Stamm der Chagga.
Sie arbeiten in den Hotels, auf den Kaffee- und Sisalplantagen.
Die Sisalplantagen gehören den Engländern, Indern und Griechen.
Das Volk der Chagga ist liebenswürdig, intelligent und sanftmütig.
Die Männer tragen Hemden und Shorts, sind in der Mehrzahl jedoch barfuß
    und begeistern sich für Fahrräder.
Die Frauen schreiten wiegenden Ganges einher in ihren bunten Gewändern
    und tragen auf dem Kopf Lasten größer als sie selbst,
    wie alle afrikanischen Frauen.
Ich sah junge Mädchen.
Mein schwarzer Pfeffer, mein Mandelbonbon,
und ihre Nylonröcke bauschen sich,
und sie sind des Lesens und Schreibens kundig, mehr als in Anatolien.

Ich ging zum Ngorongoro-Krater.
Die Krateröffnung des Vulkans ist überwachsen von Gras und Bäumen.
Zweihundert Quadratmeter, heißt es.
Nashörner für Touristen sah ich,
Giraffen, Elefanten, alle für die Touristen.
Sie laufen in Rudeln umher.
Mitten durch sie fuhr unser Jeep hindurch, an ihrer Nase vorbei,
sie heben nur den Kopf, werfen einen kurzen Blick her,
kennen die Automarke:
    den Landrover
und wenden traurig den Kopf ab,

bıkkınlık.
Bir antiloplar alışamamış Lendrover'e,
sıçraya sıçraya kaçtılar.
Bir de bir akşam bir Amerikan turisti sızmış çayırlıkta,
arslanlar beklemiş başında sabaha kadar.
bakmışlar ayılmıyor,
yemişler.
Mezarını gördüm.
Taşında yazılı hikâyesi.

Dolaylarda Masailer yaşıyor çırılçıplak,
bir avrat mahalleri örtülü.
İri yarı insanlar.
Kahve rengine düşkün.
Kahve rengine boyanıyorlar.
Kadınlarının kulak memeleri omuzlarına sarkıyor.
bir ağırlıkla filân uzatıyorlar.
Masailer göçebe.
Davarcı.
Sığırlarının etini yiyor, sütünü ve kanını içiyorlar sıcak
sıcak.
Ve sürüye saldıran arslanı mızraklıyorlar kulaklarından
tutup.

Otelde bir kâat verdiler bize:
Kıraterde en çok neyi beğendiniz?
Filleri mi?
Gergedanları mı?
Masaileri mi?
Antilopları mı?

gelangweilt.
Nur die Antilopen konnten sich an den Landrover nicht gewöhnen,
sie rannten in großen Sprüngen davon.
Außerdem, so erzählt man, ist eines Abends ein amerikanischer Tourist auf
[dem Gras eingenickt,
die Löwen harrten bis zum Morgen neben ihm aus.
Als sie merkten, daß er nicht aufwachte,
fraßen sie ihn auf.
Ich sah sein Grab.
Auf dem Grabstein steht seine Geschichte eingemeißelt.

In der Gegend leben die Massai, splitternackt,
nur die Scham bedeckt.
Hünen von Menschen.
Ganz vernarrt in Braun.
Sie malen sich braun an.
Die Ohrläppchen der Frauen hängen bis auf die Schultern herab,
sie ziehen sie lang mit einem Gewicht oder dergleichen.
Die Massai sind Nomaden.
Viehzüchter.
Sie essen das Fleisch ihrer Rinder, trinken ihre Milch und ihr Blut,
ganz warm.
Und einen Löwen, der ihre Herde überfällt, packen sie an den Ohren
und durchstechen ihn mit Lanzen.

Im Hotel gaben sie uns einen Fragebogen:
Was hat Ihnen im Krater am meisten gefallen?
Die Elefanten?
Die Nashörner?
Die Massai?
Die Antilopen?

Dokuzuncu Mektup

Hapisten çıktığım günleri hatırlıyorum,
hapisten çıkarıldığım günleri değil, çıktığım,
içerde kendimin dışarda dostların ve zamanların
    zorlamasıyla çıktığım günleri hapisten.
Sevinç.
Düğün, bayram.
Sevinç,
kibirli biraz
        biraz şaşkın.
Sevinç,
dallarında hayallerin ve umutların parıltısı,
yemişleri değil, parıltısı.
Ve yüksek sesle anlatmak hapisaneyi herkese ve kendine.
Hapisane hâlâ düşlerine girer,
                uyanırsın sıçrayarak.
Yakanı bırakmaz alışkanlıklarıyla yasakları hapisane
    yıllarının.
Kapatmazsın mektuplarının zarflarını,
karavana vakıtlarını beklersin,
ve akşamlar kararınca kapının dışardan kilitlenmesini,
yanmasını ampullerin kendiliğinden.
Sevinç.
Düğün, bayram.
Ama bayram günlerinin de sonu var bütün günler gibi.
Bakarsın, evinin damı akıyor,
pencereler, kapılar onarılmak ister,
su getirtmek, açtırmak gazı, elektriği,
yatak çarşafı almak, tabak, çanak, kitap.
Kolların hazır çalışmağa,
onlar içerde de çalıştırıldılar,
ama bilgin uyutuldu.
Paran da yok.
Borca batmak da tehlikeli.
Nerden, neresinden, nasıl kurmağa başlamalı evini

Neunter Brief

Ich erinnere mich an die Tage, als ich aus dem Gefängnis kam,
nicht die, an denen man mich freigelassen hätte, sondern die, an denen ich
[freikam,
an die Tage also, an denen ich aufgrund des Drucks durch mich drinnen
als auch der Freunde draußen und der Zeit selbst aus dem Gefängnis kam.
Eine Freude.
Feiern, Feste.
Eine Freude,
ein wenig stolz,
ein wenig verwundert.
Eine Freude,
an ihren Zweigen der Glanz der Träume und Hoffnungen,
nicht ihre Früchte, ihr Glanz.
Und mit lauter Stimme jedem, auch sich selbst vom Gefängnis erzählen.
Das Gefängnis erscheint dir immer noch im Traum,
fährst aus dem Schlaf hoch.
Dir im Nacken sitzen die Gewohnheiten und Verbote der
Gefängniszeit.
Die Briefe darfst du nicht zukleben,
mußt warten, bis das Essen verteilt ist,
und, wenn der Abend kommt, bis die Tür von außen verschlossen wird,
bis die Lampen von selbst angehen.
Eine Freude.
Feiern, Feste.
Aber Festtage haben auch einmal ein Ende, wie alle Tage.
Es kann sein, daß das Dach tropft,
Fenster und Türen ausgebessert,
Wasser, Gas und Strom angeschlossen,
Bettwäsche, Geschirr und Bücher gekauft werden müssen.
Deine Arme sind zur Arbeit bereit,
auch drinnen hat man sie eingespannt,
aber dein Wissen ließ man einschlafen.
Geld hast du auch keines.
Schulden zu machen, ist auch gefährlich.
Wie und wo soll man beginnen,

hürriyetinin?
Yani demek istediğim,
hapisten çıkanın haline benziyor hali Tanganika'nın.

Onuncu Mektup

Kulağımı dayadım yere,
dinledim Afrika toprağını,
homurtular geliyor Uganda'dan, Mozambik'ten,
Güney Afrika'da pembe tabanlı ayaklar öfkeyle şakırdatıyor
zincirini,
Angola ormanları yeşil arslanlar gibi böğürüyor al kan
içinde.
Son savaşlarını veriyor emperyalizm,
ama silâhlısı, zındanlısı, valilisi.
Başımı kaldırdım bakıyorum:
Afrika iki yol kavşağında duruyor,
yol var yine esirliğin inine gider döne dolaşa,
yol var gider büyük hürriyetine büyük kardeşliğin...
Yani demek istediğim:
Benim akıllı, güzel karıcığım,
bir daha oku dokuzuncu mektubumu.
Sen leb demeden leblebiyi anlarsın
ve bilemediğin kadar göresim geldi seni Moskovalım,
Tulyakova'm.

Tanganika, Şubat 1963

das Haus deiner Freiheit zu errichten?
Was ich damit sagen will, ist,
daß der Zustand eines Strafentlassenen dem Tanganyikas ähnelt.

Zehnter Brief

Ich legte mein Ohr an den Boden,
lauschte der afrikanischen Erde,
das Dröhnen kommt von Uganda, von Mosambik her,
in Südafrika rasseln zornig die Ketten
an den Füßen mit rosafarbenen Sohlen.
In Angola, blutüberströmt, brüllen die Wälder wie grüne
Löwen.
Der Imperialismus kämpft seine letzten Schlachten,
aber mit Waffen, Kerkern und Gouverneuren.
Ich hob den Kopf und sah mich um:
Afrika steht an einer Straßenkreuzung,
eine der Straßen führt auf Umwegen wieder in die Höhle der Knechtschaft
die andere in die große Freiheit der großen Verbrüderung . . . [zurück,
Was ich damit sagen will:
Meine kluge, schöne Frau,
lies meinen neunten Brief noch einmal.
Du verstehst sofort, was gemeint ist,
und ich sehne mich nach dir, so sehr, daß du es dir gar nicht vorstellen
meine Moskauerin, meine Tulyakowa. [kannst,

Tanganyika, Februar 1963

Berlin Mektubu

I

Berlin günlük güneşlik,
8 Mart, 1963
Bayramın kutlu olsun kadınım.
Unuttum telefonda söylemeyi bu sabah,
sesini duydum mu dünyayı unutuyorum.
Nice nice bayramlara, güzelim.

Berlin, 8 Mart 1963

Brief aus Berlin

I

Berlin ist sonnig und heiter
8. März 1963.
Ich gratuliere dir zum Frauentag, meine Frau.
Heute morgen am Telefon vergaß ich, es dir zu sagen,
sobald ich deine Stimme höre, vergesse ich die Welt um mich.
Auf viele weitere Feste, meine Schöne.

Berlin, den 8. März 1963

II

Dört gün sonra Moskova'dayım.
Bu ayrılık da, hele şükür, bitiyor, dönüyorum.
Bu ayrılık da yağmurlu bir yol gibi arkada kalacak.
Yeni ayrılıklar gelecek,
yeni kuyulara ineceğim,
bir yerlere gidip döneceğim.
Koşacağım soluk soluğa yeni dönüşlere.
Sonra ne Berlin, ne Tanganika,
Hiçbir yere değil, gideceğim hiçbir yere.
Ne vapur, ne tiren, ne uçakla dönmek elimde olmayacak.
Benden mektup da, telgıraf da gelmeyecek.
Sana telefon da edemiyeceğim.
Sesime yumuşacık gülmeyeceksin.
Benden haber de almayacaksın,
kalacaksın bir başına.

Dört gün sonra Moskova'dayım.
Berlin günlük, güneşlik,
Moskova'da bahar,
sen söyledin telefonda.
Bu ayrılık da, hele şükür, bitiyor, dönüyorum.
Ama içimde büyük ayrılığımızın gecesi,
içimde acısı bensizliğinin,
içimde yalnızlığın.
Yalnızlık: anıların doyurmayan ekmeği,
        anıların çağrısı uzaklara: yalnızlık,
belki üç ay, belki üç yıl,
yalnızlık gölgen olacak.

Dört gün sonra Moskova'dayım.
Moskova'da bahar
sen söyledin telefonda.

Berlin, 8 Nisan 1963

II

In vier Tagen bin ich in Moskau.
Auch diese Trennung hat zum Glück ein Ende, ich kehre zurück.
Auch diese Trennung wird wie ein regennasser Weg hinter mir bleiben.
Neue Trennungen werden kommen,
ich werde in neue Schächte hinabsteigen,
irgendwohin gehen und wiederkehren.
Außer Atem der neuen Rückkehr entgegeneilen.
Dann werde ich nicht nach Berlin oder nach Tanganika,
auch nirgendwo sonst hinreisen, ich werde ins Nirgends gehen.
Weder mit dem Schiff, dem Zug noch dem Flugzeug werde ich
[zurückkehren können.
Von mir wird kein Brief, kein Telegramm eintreffen.
Auch anrufen werde ich dich nicht.
Du wirst auf meine Stimme hin nicht leise lachen.
Keine Nachricht wirst du von mir erhalten,
wirst ganz allein sein.

In vier Tagen bin ich in Moskau.
Berlin ist sonnig, heiter,
in Moskau hat der Frühling begonnen,
hast du am Telefon gesagt.
Auch diese Trennung hat zum Glück ein Ende, ich kehre zurück.
Doch in mir die Nacht unserer großen Trennung,
in mir der Schmerz, daß du ohne mich bist,
in mir deine Einsamkeit.
Einsamkeit: das nicht sättigende Brot der Erinnerungen,
der Ruf der Erinnerungen in die Ferne: Einsamkeit,
vielleicht drei Monate, vielleicht drei Jahre
wird die Einsamkeit dein Schatten sein.

In vier Tagen bin ich in Moskau.
In Moskau hat der Frühling begonnen,
hast du am Telefon gesagt.

Berlin, den 8. April 1963

III

Beş saat sonra yanındayım.
Berlin'de otel odamda güneş,
ıslak kuş sesleri
– yağmur yağdı sabahleyin –
bir de tıramvaylar,
bir de zaman.
Bir türlü akmıyor zaman
kaskatı donmuş,
alıp askıya asabilir
bıçakla kesebilirsin.
Hapiste gibiyim.
Hapiste en insafsız gardiyan –
zaman.
İki saat sonra uçak alanındayım.
Beş saat sonra maviliğinde senin.
Beş saat sonra hürriyet.
Bütün dönüşlerin otel odalarına
heykelini dikmeli uçağı icâdedenin.

Berlin, 12 Nisan 1963

III

In fünf Stunden bin ich bei dir.
In meinem Hotelzimmer in Berlin die Sonne,
                    nasses Vogelgezwitscher
                        – am Morgen regnete es –
                            außerdem die Straßenbahnen,
                              außerdem die Zeit.
Irgendwie vergeht die Zeit nicht,
steht still, ganz starr,
man kann sie nehmen,an den Haken hängen
und mit dem Messer zerschneiden.
Ich fühle mich wie im Gefängnis.
Der unbarmherzigste Wärter im Gefängnis ist –
                    die Zeit.
In zwei Stunden bin ich am Flughafen.
In fünf Stunden in deinem Blau.
In fünf Stunden Freiheit.
Man müßte bei jeder Rückkehr in den Hotelzimmern
die Statue des Flugzeugerfinders aufstellen.

Berlin, den 12. April 1963

Özlem

Yıllardır görüşmedik Macar toprağı, kardeş toprağım.
Düşlerime girer oldun ister inan, ister inanma.
Kayısı rakın gibi vuruyor başıma kokusu Tuna Irmağının,
salamilerinin ve kırmızı biberlerinin.

Sigetvar Kalesi geliyor önüne gözümün
senin katı, erkek, Asyalı dilini radyolardında işittiğimde
benim Osmanlıların başına kartal gibi inen Sigetvar Kalesi
be bu dili ipekleştiren
ve yalınkılıçlaştıran Petöfi.
Bilemezsin nasıl burmunda tütüyor
masmavi gökyüzünün payandası
fabrika bacaların
ve Matyo bebeklerinin şalları gibi işlemeli ovalarında
tıraktörler
ve düğün sofrası gibi açılışın iyi insanlara.
İlâçların, senden uzak, saat gibi işletti hasta yüreğimi
ama biliyorum sana kavuştuğumda onları kutudan
çıkarmıyacağım.
Sokaklarında dolaşıp dinlemek istiyorum yüzü gülen
fıkralarını.

Bir kat daha güzelleşmiş diyorlar Tokay bağların, ölçme
aletlerin ve kızların,
dünya güzellerin nasıl güzelleşir bir kat daha aklım
ermiyor.
Sana benzesin isterdim toprağı Anadolu'mun,
sana benzesin sosyalist toprak, Macar toprağı, kardeş
toprağım.

23 Nisan 1963

Sehnsucht

Seit Jahren haben wir uns nicht gesehen, ungarische Erde, meine Brudererde.
Du erschienst mir im Traum, ob du es glaubst oder nicht.
Wie dein Aprikosengeist steigt mir auch der Duft deiner Donau,
deiner Salami und deines roten Paprikas zu Kopf.

Die Festung von Szeged kommt mir vor Augen,
wenn ich deine harte, männliche, asiatische Sprache in deinem Rundfunk [höre,
die Festung von Szeged, die sich wie ein Adler auf die Köpfe meiner [Osmanen stürzte,
und Petöfi, der diese Sprache seidenweich machte
und reinigte.
Du kannst dir nicht vorstellen, welche Sehnsucht sie in mir wecken, deine [Fabrikschlote,
die den Stützbalken der tiefblauen Himmelskuppel
gleichen,
und die Traktoren auf deinen bestickten Ebenen,
die den Schals der Matyó-Puppen ähneln,
und die Einladung der guten Menschen zum Hochzeitsessen.
Deine Arzneien setzten, fern von dir, mein krankes Herz wie ein Uhrwerk [in Gang,
doch ich weiß, ich werde sie, wenn ich dich wiedersehe,
nicht aus der Schachtel nehmen.
Über deine Straßen möchte ich schlendern und deinen lustigen Witzen
lauschen.

Noch einmal so schön, sagt man, sind sie geworden, deine Tokai-Weinberge,
deine Meßinstrumente und deine Mädchen,
wie deine Weltschönheit noch einmal so schön wurde,
das will mir nicht in den Kopf.
Dir, wünsche ich mir, soll sie ähneln, die Erde in meinem Anatolien,
dir soll sie ähneln, sozialistische Erde, ungarische Erde,
meine Brudererde.

23. April 1963

Anmerkungen

Münevver Andaç: Nâzım Hikmets dritte Frau
Andrey: ein Held aus dem Roman »Krieg und Frieden« von Leo Tolstoi
Michelangelo Antonioni: italienischer Filmregisseur
Avni Arbaş: türkischer Maler (geboren 1919) lebte seit den 40er Jahren in Paris und übersiedelte 1971 nach Istanbul
Ayran: ein Getränk aus mit Wasser verdünntem Yoghurt und einer Prise Salz
Iwan K. Aiwasowskij: russischer Maler, geboren 1817, gestorben 1900; malte romantisch empfundene Meeresbilder
Ekber Babayev: aserbaidschanischer Türkologe; Übersetzer von Hikmets Gedichten ins Russische und sein Vertrauter
Balıkçının Meyhanesi: bekannte Kneipe in Kalamış, wo sich in den 40er und 50er Jahren hauptsächlich Künstler und Literaten trafen
Fulgencio Batista y Zaldivar: kubanischer Diktator, der durch Castro gestürzt wurde
Josef Bem: polnischer General, geboren 1794, gestorben 1850, Offizier unter Napoleon (1812), dann im russisch-polnischen Heer, leitete 1848 die Verteidiung des revolutionären Wien, führte 1848-49 die ungarisch-polnischen Truppen gegen die Österreicher und Russen, suchte danach Zuflucht im Osmanischen Reich und führte unter dem Namen Murat Pascha die türkischen Truppen gegen den Araber-Aufstand in Aleppo
Beyazıt-Meydanı: Platz vor der Universität Istanbul
Bismillah: im Namen Allahs
Bolu: Provinzhauptstadt zwischen Ankara und Istanbul
Lucrezia Borgia: Tochter des Papstes Alexander VI. Zu ihren Lebzeiten versammelte sie viele Künstler und Literaten um sich
Borodino: russisches Dorf westlich von Moskau. Hier siegte 1812 Napoleon über die Russen
Konstantin Borzański: Großvater der Mutter Nâzım Hikmets, der 1848 von einem deutschen Kriegsschiff am Bosporus aus an Land ging; studierte in Istanbul an der Ingenieurhochschule, bekam später den Namen Mustafa Celaleddin Pascha und diente in der türkischen Armee
Charkow: sowjetische Industriestadt in der Ukraine

Cacık: türkische Vorspeise mit Yoghurt, Gurke und Knoblauch
Nikita Chruschtschow: sowjetischer Politiker und Generalsekreter der KPdSU nach Stalin
Cıxi: Kaiserinwitwe, die Ende des 19. Jahrhunderts in der Regierungszeit ihres Sohnes Guangxu das Land mit Strenge regierte und im Sommerpalast im Kunming-See residierte
Çakıcı: Edelräuber, geboren 1872, wurde 1912 erschossen; er bildete an der Ägäisküste eine Bande, welche die Reichen ausraubte und die Beute an die Armen verteilte. Noch zu seinen Lebzeiten entstand eine Legende um ihn
Çankırı: Stadt nordöstlich von Ankara in der anatolischen Steppe
Çarık: Bauernschuh aus ungegerbtem Leder
Černá Věž: »Schwarzer Turm« in der Prager Innenstadt
*Wł*adyslaw Dabrowski: polnischer Revolutionär (geboren 1838, gestorben 1871), der sich 1863 am Aufstand in Polen beteiligte, danach nach Sibirien deportiert wurde, von dort nach Paris floh; kämpfte als Kommandant während der Pariser Kommune gegen die Versailler Regierung und fiel während der Barrikadenkämpfe
Dagestan: Autonome Republik an der nordöstlichen Abdachung des Kaukasus mit einer gemischten Bevölkerung (30 Sprachen und Mundarten), in der Mehrzahl türkischer Herkunft
Day gazyetu: russisch: »Gib mir Zeitung«
Abidin Dino: türkischer Maler und Vertrauter Nâzım Hikmets; lebt seit Ende der 40er Jahre in Paris
Güzin Dino: türkische Literaturwissenschaftlerin; lebt seit Ende der 40er Jahre in Paris
Donbas: »Dones-Rücken« = Höhenzug in der Ukraine, wichtigstes Kohlenrevier der UdSSR, Gebiet der Schwerindustrie
Dzierzynski, Felix: sowjetischer Revolutionär polnischer Herkunft (geboren 1877, gestorben 1926), der nach der Oktoberrevolution von 1917 die Tscheka gründete, deren Vorsitzender er wurde
Erdem: Ansager der türkischen Redaktion von Radio Moskau
Sait Faik: türkischer Erzähler (1906-1954), der in den 40er und 50er Jahren die Short Story in die türkische Literatur eingeführt hat
Juri Gagarin: sowjetischer Kosmonaut (1934-68), der als erster ins Weltall reiste
Gellért-Berg: 235 m hoher Berg in Budapest, auf dem die ehemalige

Zitadelle lag und der heute die Regierungsgebäude trägt
Gerede: Kleinstadt in der Provinz Bolu
Nicolás Gullién: afrocubanischer Dichter, der sich am Spanischen Bürgerkrieg beteiligte; mußte unter der Diktatur Battista emigrieren und lebt seit 1959 wieder in Kuba
Renato Guttuso: italienischer Maler des 20. Jahrhunderts
Ha uşaklar: Refrain vieler Lieder der östlichen Schwarzmeerküste, um die Zuhörer anzufeuern. Wörtliche Übersetzung: »Auf geht's, Kinder!«
Ilgaz: ausgedehntes Waldgebiet zwischen Ankara und dem Schwarzen Meer
Kadıköy: Stadtteil von Istanbul auf der asiatischen Seite
Kalamış: Stadtteil von Istanbul auf der asiatischen Seite
Kalpak: Kopfbedeckung der kaukasischen Bevölkerung aus ungegerbtem Lammfell
Orhan Veli Kanık: türkischer Dichter, geboren 1914 in Istanbul, gestorben 1950 am gleichen Ort
Karagöz: türkisches Schattenspiel
Karlův most: die Karlsbrücke in Prag
Kazbek: erloschener Vulkan im Kaukasus, 5047 m hoch
Namık Kemal: türkischer Dichter und Dramaturg, Vertreter der Jungosmanen im 19. Jahrhundert und Anhänger der Aufklärung, lebte zeitweilig in Paris im Exil
Kilim: türkisches Flachgewebe
Kislovodsk: russischer Kurort im Vorland des nördlichen Kaukasus
Komsomolzin: weibliches Mitglied der Jugendorganisation der KPdSU
Kubankosaken: Kosaken, die am Kuban-Fluß leben – Donkosaken
Kunming: 1750 künstlich errichteter See, 1888 von Cixi renoviert
Levni: türkischer Miniaturenmaler (gestorben 1732)
Lezginka: Gewand der Kaukausier
Wladimir Majakowski: sowjetischer Dichter
Henri Matisse: französischer Maler (1869-1954)
Memet: Sohn des Dichters
Mein schwarzer Pfeffer, mein Mandelbonbon: lebhafte Volksweise aus Westanatolien
Merhaba: türkische Grußformel
Moroženoye: in der Sowjetunion sommers wie winters oft verzehrtes Speiseeis
Moskwa: der durch Moskau fließende Fluß

Most Barikádníků: eine Brücke in Prag
Nagant: eine Pistolemarke
Vítezslav Nezval: geboren 1900 in Biskupy, gestorben 1958 in Prag; bekannter tschechoslowakischer Dichter
Nowa Huta: nach dem 2. Weltkrieg gegründete polnische Industriestadt unweit von Krakau, Zentrum der Stahlindustrie
Ogonyok: sowjetisches Magazin
»Die Pappeln von Izmir«: bekanntes Volkslied aus Izmir
Konstantin G. Paustowski: sowjetischer Schriftsteller
Peredelkino: Vorort von Moskau, wo früher die Generäle und Admirale, heute Schriftsteller und Künstler wohnen
Sándor Petöfi: ungarischer Dichter (1823-1849); mit seinen Revolutionsliedern zündete er den Freiheitskampf an, in dem er fiel
*Kazimierz Pul*aski: hervorragender polnischer Kommandant, der in der Ukraine und in Litauen gegen das zaristische Rußland kämpfte, 1772 Zuflucht im Osmanischen Reich suchte und 1777 nach Amerika übersiedelte, wo er als General 1779 in der Schlacht bei Savannah fiel
Pyöngyang: Hauptstadt Nordkoreas
Rakı: türkischer Schnaps aus Traubenmost und Anis
Rast-Peşrevi: eine sehr lebhafte Weise der klassischen türkischen Serail-Musik
Rostov: russische Industriestadt am Don oberhalb der Mündung ins Asowsche Meer
Mevlana Celaleddin Rumi: türkischer Mystiker (1207-1273), Gründer des »Ordens der tanzenden Derwische«
Samagonka: kosakischer Schnaps aus Weizen
Sarayburnu: Landzunge in Istanbul, wo der Bosporus sich mit dem Marmarameer vereint
Taras Schewtschenko: ukrainischer Dichter (1814-1861)
Scheich-Şamil-Tanz: Volkstanz zu Ehren von Scheich Şamil, der gegen die russische Okkupation im 19. Jahrhundert im Kaukasus kämpfte
Sierra Maestra: Bergkette im Südosten Kubas
Silbersaiten: diese Zeile stammt aus einem lebhaften Lied von der östlichen Schwarzmeerküste
Sumgayıt: aserbaidschanische Industriestadt am Kaspischen Meer, die nach Errichtung der Sowjetmacht erbaut wurde

Sun Yat-sen: Gründer der Republik China, der am 1.1.1912 der jahrtausendealten Feudalherrschaft ein Ende setzte
Mustafa Suphi: Gründer der türkischen KP
Szeged: Stadt im Süden Ungarns; ihre Burg war Kriegsschauplatz der Osmanen und der Ungarn
Tallinn: Hauptstadt von Estland
Tanganyika: bis 1964, bis zur Vereinigung mit Sansibar trug das heutige Tansania diesen Namen
Tarusa: russische Stadt südlich von Moskau
Jiří Tavfer: tschechoslowakischer Dichter
Tiananmen: »Tor des Himmlischen Friedens«; der Platz wurde 1420 errichtet, bildet das Zentrum Beijings, liegt vor dem ehemaligen Kaiserpalast
German Titow: sowjetischer Kosmonaut
Tschekist: Mitglied der Tscheka (Außerordentliche Kommission zum Kampf gegen Konterrevolution und Sabotage)
Tu: sowjetischer Flugzeugtyp
Vera Tulyakova-Hikmet: Hikmets Frau in seinen letzten Lebensjahren
Urumelihisarı: mundartliche Bezeichnung von Rumelihisarı, der Festung am europäischen Ufer des Bosporus, 1952 erbaut. Die Zeile ist eine Anspielung auf das Gedicht »Istanbul-Lied« von Orhan Veli Kanık, erschienen in dem Band »Fremdartig/Garip«
Üsküdar: Stadtteil von Istanbul auf der asiatischen Seite
Jules Verne: französischer Schriftsteller (1828-1905)
Vltava: tschechischer Name der Moldau
Vnukova: einer der Flughäfen Moskaus
Samed Vurgun: aserbaidschanischer Dichter (1906-56); er gilt als einer der größten Dichter Aserbaidschans in diesem Jahrhundert; viele seiner Gedichte wurden vertont, darunter auch sein berühmtes Gedicht »Aserbaidschan«, das inoffiziell als Hymne dieser Republik gilt und häufig gesungen wird
Wanshoushan: der »Berg der Langlebigkeit« bildet mit dem Kunming-See die Gesamtanlage des kaiserlichen Sommerpalastes und gilt als hervorragendes Beispiel der chinesischen Gartenkunst
Peter N. Wrangel: (geboren 1878, gestorben 1928) Nachfolger des Generals Denikin, der die letzten Kämpfe in Südrußland gegen die junge Sowjetmacht befehligte

Zachariadis: Nikos Zachariadis war Führer der KP Griechenlands, 1936 verhaftet, 1941 nach der Okkupation Griechenlands durch die Hitler-Armee den Deutschen übergeben; kam ins KZ Dachau und blieb auch nach der Kapitulation noch bis 1949 im Gefängnis; nach seiner Freilassung ging er in die Sowjetunion und war bis 1956 Sekretär seiner Partei; 1973 starb er im Exil in Taschkent
Zhichunting: Pavillon vor dem Osttor (Donggonmen), dem Haupteingang des Sommerpalasts
Ziya Pascha: türkischer Politiker, Vertreter der Jungosmanen im 19. Jahrhundert und Anhänger der Aufklärung, lebte zeitweilig in Paris im Exil

Inhalt

Türkische Autoren in Europa

Güney Dal
Die Vögel des falschen Paradieses/ Yanlış Cennetin Kuşları
Erzählungen, 106 Seiten, Broschur, DM 14.80

Nedim Gürsel
Die erste Frau
Erzählung, 120 Seiten, Broschur, DM 19.80

Demir Özlü
Ein Istanbuler Traum
Erzählung, 64 Seiten, Broschur, DM 12.80

Fethi Savaşçı
München im Frühlingsregen
Erzählungen und Gedichte, 96 Seiten, Broschur, DM 16.80

Yüksel Pazarkaya
Irrwege/Koca Sapmalar
Gedichte, 150 Seiten, Broschur, DM 16.80

Zafer Şenocak
Flammentropfen
Gedichte, 96 Seiten, Broschur, DM 12.80

Zafer Şenocak
Ritual der Jugend
Gedichte, 112 Seiten, Broschur, DM 16.80

Levent Aktoprak
Unterm Arm die Odyssee
Gedichte, 64 Seiten, Broschur, DM 11.80

Nevfel Cumart
Ein Schmelztiegel im Flammenmeer
Gedichte, 112 Seiten, Broschur, DM 19.80